BUZZ

© 2016 Buzz Editora

Publisher ANDERSON CAVALCANTE
Editora SIMONE PAULINO
Projeto Gráfico ESTÚDIO GRIFO
Assistente de design STEPHANIE Y. SHU
Revisão MARCELO LAIER

Dados Internacionais de Catalogação na Publicação (CIP)
(Câmara Brasileira do Livro, SP, Brasil)

Rocha, Erico
Sacadas de empreendedor / Erico Rocha
São Paulo: Buzz Editora, 2016.
192 pp.

ISBN 978-85-93156-04-5

1. Empreendedores 2. Empreendedorismo 3. Investimentos
4. Negócios I. Título.

16-08872   CDD-658.1

Índices para catálogo sistemático:
1. Empreendedores: Administração de empresas 658.1

Todos os direitos reservados à:
Buzz Editora Ltda.
Rua do Rócio, 463
Cep: 04552-000 São Paulo, SP

[55 11] 4301-6421
contato@buzzeditora.com.br
www.buzzeditora.com.br

sacadas de
empreendedor
erico rocha

E VOCÊ PODE USAR ESCASSEZ NO SEU NEGÓCIO PARA, DE TEMPOS EM TEMPOS, AUMENTAR O VALOR PERCEBIDO DE UM PRODUTO? SIM, PODE. FUNCIONA? SE VOCÊ FIZER COM MAESTRIA E INTEGRIDADE FUNCIONA.

QUEM APENAS CUMPRE TABELA NÃO GANHA.

É CLARO QUE EXISTE UMA FORMA BEM MAIS SIMPLES DE SE CURAR DO MEDO: NÃO SE COLOCAR EM SITUAÇÕES DE RISCO. MAS SE VOCÊ TEM ESPÍRITO EMPREENDEDOR, NÃO PODE SEQUER CONTAR COM ESSA POSSIBILIDADE PORQUE O MEDO É INERENTE AO PROCESSO.

E SE VOCÊ QUER IR ALÉM DISSO, ALÉM DE DAR CERTO, FAÇA AS PESSOAS AO SEU REDOR DAREM CERTO.

Introdução

O empreendedorismo me salvou.

Só para você ver que não é nenhum exagero empregar aqui a palavra salvou, vou contar um pouco onde tudo isso começou.

Como não venho de família rica, minha adolescência e juventude foram dedicadas a pensar como poderia estudar bastante e assim conseguir um bom emprego, de modo que eu pudesse transpor os apertos que havia passado com minha família. Meu sonho era viajar, conhecer o mundo, morar fora, mas não tinha ideia de como isso poderia acontecer efetivamente.

Logo cedo consegui atingir estas primeiras realizações. Fui para a Alemanha fazer um estágio. Para abreviar a história, foi lá que surgiu a oportunidade dos meus sonhos. A empresa da qual eu era estagiário terminou por me contratar, e depois disso eu mudei algumas vezes de emprego até me estabelecer em Londres e começar a prestar serviços para grandes bancos de investimentos. Na Inglaterra conquistei reconhecimento e alta remuneração, chegava a ganhar até 850 libras por dia. Para um jovem trabalhador isso era muito dinheiro. Na verdade, era uma bela renda mensal para qualquer empregado, independentemente do ponto da carreira em que estivesse.

Mas eis que de repente eu me via tomado por uma aparente contradição. Estava morando na Europa, trabalhando em uma posição que havia sonhado, com uma remuneração maior do que jamais havia pensado ganhar. Mas estava me sentindo mal, frustrado, angustiado. Sentia que estava adoecendo por dentro.

Segunda-feira era o meu pior dia, pois a semana inevitavelmente iria começar e eu teria cinco longos dias de trabalho nos quais eu me sentia massacrado como se fosse um prisioneiro em estado depressivo. Quando enfim chegava a sexta-feira, eu respirava aliviado pelos dois dias que teria pela frente sem ter que encarar aquele trabalho.

Até que chegou um dia em que olhei para o meu chefe e tive uma revelação decisiva. Percebi que eu não queria ter o emprego dele, que aquele futuro estava longe do que eu desejava para mim. E, por mais insano que pudesse parecer, pedir demissão era a única coisa que me fazia respirar sem sofrer qualquer carga de opressão.

Assim que pedi demissão, comecei a buscar ideias para novos negócios e acabei elaborando uma que me parecia atraente. Criei uma empresa de informação para leilão de imóveis que reunia em um só lugar quase todas as informações referentes aos leilões que aconteciam no Brasil, onde quer que estes ocorressem. Em termos simples, eu pegava toda essa informação, colocava numa base de dados e vendia uma assinatura.

Embora a ideia fosse boa, a tentativa de lançar esse produto não prosperou e não vendi praticamente nada. Nos seis primeiros meses, vendi só 4 mil reais em assinatura, o que não pagava nem os custos que tínhamos tido.

Foi naquele momento que compreendi que deveria me aprofundar nos estudos sobre marketing digital. E mergulhei de cabeça nessa ideia. Fui para os Estados Unidos, onde fiz vários cursos nessa área.

Na volta, relancei o produto e logo depois, no dia 23 de março de 2010, eu tive minha primeira grande entrada em caixa com um faturamento na casa dos seis dígitos em apenas sete dias. Aquilo foi incrível pra mim, não somente porque aqueles seis dígitos fossem resolver minha vida, mas porque eu tinha descoberto um jeito de fazer meu negócio funcionar.

A partir de então, tive muito sucesso com aquela empresa, o que gerou a oportunidade de tocar outros projetos. Até que um dia a minha esposa me falou: *"Por que você não fala sobre empreendedorismo? Você adora falar sobre seus erros e seus acertos pra todo mundo!"*

Ela estava certa. Por onde quer que andasse, eu sempre conversava sobre empreendedorismo. Os pais dela sabiam disso, todos à minha volta também pareciam saber, até mesmo o porteiro do prédio sabia. E foi então que veio a ideia de compartilhar esse conhecimento e de realizar meu primeiro evento ao vivo. À medida que fui fazendo isso, pude perceber como era gratificante contribuir com quem estava começando nessa jornada.

No final de 2013, tive a ideia de publicar no Youtube sacadas de empreendedorismo para o meu filho de quase 3 anos. Minha satisfação foi tão grande ao ver comentários de adultos que eu estava ajudando com essas sacadas que eu decidi intensificar esse compartilhamento de conteúdo publicando vídeos diariamente para esses empreendedores ou futuros empreendedores no Youtube. E assim, desde aquela época, esta plataforma vem crescendo constantemente.

Este livro que está agora em suas mãos contempla algumas das minhas melhores sacadas para que você possa aplicar nos seus negócios caso queira dar um salto de performance.

Se algum dia você me encontrar pessoalmente e tivermos a oportunidade de ter um tempo juntos (sim, eu sei que tempo é um recurso limitado com o qual lido todo dia), é bem provável que você perceba que uma das coisas que mais me motiva é a singela possibilidade de ouvir alguém me dizer que algum conhecimento que compartilhei fez a diferença para ele ou ela.

No projeto deste livro, em especial, eu escolhi elevar esse senso de contribuição a um nível ainda mais alto. Sempre procurei fazer doações, porém este hábito ficou muito mais forte depois que visitei um assentamento de refugiados que fica na região do Rift Valley, no Quênia, centro leste da África. Ao ver a diferença que existe entre aqueles que estão em situações muito piores que nós, decidi que TODOS os direitos autorais desse livro, cada centavo deles, serão DOADOS para instituições sem fins lucrativos que também estejam no campo de batalha da vida fazendo a diferença na existência de outras pessoas.

Desejo que algumas provocações lançadas aqui sejam marcos na sua vida e que elas possam despertar ideias que alavanquem o seu negócio.

Boa leitura!

QUEIME
AS PONTES!

Você já deve ter tido em sua vida um daqueles momentos de crise em que nada está bom, mas ainda assim você se sente hesitante ou inseguro em dar algum passo para sair daquela encruzilhada profissional e emocional. São aquelas horas em que é preciso fazer uma mudança, mas parece que uma corrente de ferro te prende ao chão impedindo você de se mover em qualquer direção. Não são poucas as pessoas que ficam presas nessa corrente imaginária.

Ao mesmo tempo, existem aqueles momentos em que conseguimos, a duras penas, dar um passo tímido em direção ao ponto a que queremos chegar, mas continuamos fincados com o outro pé onde estávamos, a fim de não perder nenhum dos dois lugares.

Essa situação é tão comum que chega a ser normal. Muitas pessoas se conformam de tal maneira a essa vida que acabam fazendo uma perigosa divisão: o corpo está num lugar enquanto a cabeça está em outro. E assim elas não conseguem viver inteiramente em nenhum destes dois espaços de existência, não conseguem concluir as transições que apontam novos rumos.

Pois bem, eu já estive nessa situação de impasse. E não foi nada fácil tomar uma decisão. Quando eu trabalhava para um banco de investimentos em Londres, havia um certo *glamour* na minha profissão. Era bem remunerado, trafegava por caminhos onde eu parecia conhecer tudo: os declives, as curvas, as retas. Conseguia percorrer aquele universo de olhos fechados, tamanha era a familiaridade com as minhas atividades profissionais cotidianas. Eu tinha experiência no que fazia e sabia fazê-lo bem feito. E, mesmo que sentisse algum desconforto no peito a me dizer que aquilo não estava me fazendo feliz, o medo de saltar no escuro e encontrar um universo totalmente novo me fazia entrar em pânico.

Afinal, quem acha que é fácil sair de uma zona de conforto, onde se sabe onde está pisando, para entrar num verdadeiro campo minado, é porque nunca verdadeiramente arriscou fazer algo que o coração dizia que precisava ser feito. O meu quase saltava do peito para me avisar que era a hora de dar um basta naquela situação. E mesmo assim, eu ficava entre a cruz e a espada.

"E se?"

Era aquela hipotética pergunta "e se" não der certo, "e se" eu me der mal, "e se" isso, "e se" aquilo. Eram tantas as probabilidades que eu estava mentalmente exausto em configurar todos os cenários possíveis.

Foi quando ouvi uma história que tocou no ponto nevrálgico do meu dilema. Você também já deve ter sido tocado alguma vez em seu âmago, naquele ponto que define as grandes mudanças. Quando estamos em um momento em que uma tomada de decisão é imperiosa, e, como num milagre, algo ou alguém lhe fornece a confirmação de que você precisava naquele instante de hesitação.

A história foi contada pelo próprio Tony Robbins, um dos maiores gurus de *coach* no mundo. Mesmo não gostando de ser chamado de guru, ele é um verdadeiro condutor na vida de milhares de pessoas que realmente mudaram seus rumos profissionais após ouvir as pequenas e grandes reflexões feitas por ele.

Ele contava a história de um general chinês e, mesmo que aquilo não tivesse aparentemente nada a ver comigo, fez com que eu despertasse.

O general tinha ido para a guerra e levado consigo toda a sua tropa. No caminho para chegar ao lugar onde aconteceria o embate, todo o exército precisava atravessar uma ponte. Enquanto cruzavam a ponte, alguns soldados gritavam em alto e bom som que estavam em pânico com a possibilidade de perder a batalha. Mas outros deles sabiam que, caso a situação saísse do controle, eles poderiam atravessar a ponte de volta e fugir.

Ao perceber ambos os comportamentos dos soldados, o general não pensou duas vezes. Quando toda a tropa terminou de atravessá-la, queimou a ponte. Deste modo ninguém poderia recuar. Todos ficaram chocados com aquela atitude, e o general deixou clara sua postura: era vencer ou morrer. Mas eles precisavam estar lá, lutando, com toda a sua alma e vontade, sabendo que precisavam dar tudo de si, ou não haveria outra opção.

Essa história reverberou imediatamente dentro de mim. Porque era o meu momento de queimar a ponte. De fazer o que precisava ser feito, sem ponderar se existia a possibilidade de fracassar, pois sem arriscar eu jamais iria saber se era possível realizar o meu sonho. E então saí do banco onde eu trabalhava, queimando a maior ponte da minha vida até aquele momento.

A partir daí eu não sabia o que fazer. Aquela nova situação era muito mais difícil e desafiadora do que eu poderia imaginar, pois eu havia saído da minha zona de conforto. Foram meses intensos, durante os quais emagreci dez quilos, fiquei sem dormir pela primeira vez na vida e cheguei a duvidar de mim mesmo. Eu me perguntava por que tinha jogado tudo para o alto.

Mas eis que algo aconteceu. Eu tinha me colocado numa situação na qual o fracasso não era uma opção. Graças a essa decisão meu cérebro funcionava de outro jeito. Eu buscava alternativas e soluções porque eu simplesmente não tinha para onde correr, já que não dava para bater na porta do antigo emprego. Uma vez que você queima a ponte, a coragem para avançar e lutar por aquilo que você acreditou que deveria fazer é a mola propulsora de todo o porvir.

E foi na angústia de planejar o que seria da minha vida a partir daquele momento que eu tive a ideia da minha primeira empresa. Eu precisava arregaçar as mangas e fazer aquilo dar certo de uma maneira ou de outra.

Só que empreender era um desafio novo para mim. E eu estava apavorado, inseguro, com medo de começar do zero, sabendo que eu já tinha construído uma carreira sólida antes de pular para um universo desconhecido. Era um pequeno suicídio. Só depois eu perceberia que recomeçar é sempre um fim, no sentido de "matar" o seu próprio passado.

Mas era fato que não existia a possibilidade de voltar atrás. Eu deveria ir para a guerra e lutar. Lutar pelo que eu acreditava, com as armas que tinha em mãos. Foi então que eu me dei conta de que era assim que o nosso cérebro funcionava. Quando nos resta apenas uma única possibilidade, deixamos de gastar energia com coisas que não são importantes e canalizamos toda nossa energia, força e pensamento para um único propósito.

Quando se queima a primeira ponte, fica mais fácil perceber quantas pontes existem pelo caminho e que ainda deverão ser queimadas. Hoje me vejo diariamente queimando pontes. Em todos os momentos que exigem decisões, pontes são queimadas.

Os empreendedores encontram todos os dias alguma encruzilhada, pontos nos quais devem tomar decisões sobre a rota a seguir. E é nestes momentos exatamente que devemos entender que só estamos de corpo, mente e alma num negócio quando não consideramos a possibilidade de desistir ou recuar.

Acho que cada um deve assumir a responsabilidade da sua vida e tomar a própria decisão. E não sou eu quem vai dizer qual ponte você deve queimar. Porque esta decisão pode ser o momento mais difícil da sua vida.

No meu caso foi de fato a decisão mais difícil da minha vida até aquele momento. Mas, mesmo assim, valeu a pena para mim, pois eu me senti muito melhor do que quando estava num emprego que me consumia, dia após dia. Porque mesmo quando estamos no melhor cenário que poderíamos estar dentro de nossas carreiras, se aquele é o lugar onde não estamos expressando nossas habilidades únicas, um alarme interno vai acender e ficar piscando. Esses sinais de alerta não podem ser ignorados porque em geral são uma questão de vida ou morte: morte de sonhos e potencialidades que talvez você próprio desconheça.

Todos somos responsáveis pelo rumo de nossas vidas e os custos emocionais que estão embutidos nas nossas escolhas são irreversíveis. Nem todo mundo consegue lidar com eles. Mas atravessar e queimar a ponte empodera o indivíduo, pois mostra o quanto ele é responsável pelo seu destino, pela sua satisfação, pelo seu sucesso. E mesmo que alguma dor acompanhe a sua transformação, você precisa compreender que ela é parte do crescimento, tornando-se até necessária para que você possa subir para o próximo nível.

Agora, olhe bem para a sua vida e responda: Quais pontes você precisa queimar? Quais são as pontes que estão limitando seu crescimento? Em quais delas você acha que precisa atear fogo para promover uma grande transformação que vai impactar seu futuro e seu destino?

Queimar pontes é uma escolha. Não queimá-las também é uma escolha. Assumir a responsabilidade por essa decisão é uma grande sacada para a qual eu quero que você desperte agora.

E eu posso lhe garantir com toda a minha convicção: haverá um alto custo se você continuar fazendo aqui neste mundo o que não veio para fazer. E talvez este custo seja muito maior do que o de queimar a ponte. E quem vai arcar com esse custo é você. Sempre.

Quando se queima a primeira ponte, fica mais fácil perceber quantas pontes existem pelo caminho e que ainda deverão obrigatoriamente ser queimadas. Hoje me vejo diariamente queimando pontes. Em todos os momentos que exigem decisões, pontes são queimadas.

ENCONTRE UM
INVESTIDOR-ANJO

Quando você vê os endinheirados empreendendo em várias frentes, você pode se perguntar: *"Mas como eu vou empreender sem ter um centavo no bolso?"*

Como já mencionei de passagem, eu trabalhei por muito tempo para um banco de investimento, e foi durante aquele período que a minha ficha caiu para muita coisa. Eu sempre tinha acreditado que era preciso dinheiro para empreender. Mas isso é um mito, que ficou muito claro pra mim quando entrei na área de altas finanças e comecei a entender como aquilo funcionava por dentro.

De uma forma ou de outra o banco empreende. Contudo, ele não empreende com o dinheiro dele. Ele empreende com o dinheiro dos outros, na maioria das vezes com o seu dinheiro de correntista da instituição financeira. Você vai lá, aplica o seu dinheiro e o banco empreende com aquele dinheiro. É através dessas operações que eles multiplicam o dinheiro deles.

É preciso ter dinheiro para empreender? Sim. É preciso que esse dinheiro seja seu? Não necessariamente.

E aí que veio outra sacada. Uma vez que alguém consiga demonstrar a viabilidade de uma oportunidade para uma pessoa que tem dinheiro, ele cria a possibilidade dessa pessoa injetar dinheiro naquele empreendimento, naquela visão, naquele processo. Assim, alguém consegue fazer com que aquele projeto possa ser desenvolvido sem colocar um centavo do dinheiro dele.

Grandes empreendedores como Steve Jobs não tinham dinheiro quando começaram. Vale à pena assistir ao discurso dele no final de uma graduação na Universidade de Stanford em 2005, no qual ele fala que pegava garrafas de Coca-Cola vazias e as retornava para os estabelecimentos que as coletavam em troca de centavos. Assim ele podia fazer uma boa refeição, já que não tinha dinheiro para nada.

Mas como um cara sem nenhum centavo no bolso criou o império revolucionário chamado Apple?

É preciso ter dinheiro para empreender? Sim. É preciso que esse dinheiro seja seu? Não necessariamente.

Simples. Ele teve uma visão. Ele tinha um projeto e conseguiu vender aquela ideia para pessoas que tinham dinheiro.

Tem um bocado de gente que tem dinheiro. Tem bastante gente que tem muito dinheiro e não sabe o que fazer com o dinheiro que tem. Quem não tem dinheiro, tem um problema. Quem tem muito dinheiro, também tem problema, só que é um problema diferente. Essas pessoas procuram os bancos de investimentos a fim de buscar alternativas com rentabilidade diferenciada. Eles não sabem o que fazer com o dinheiro. Ou melhor, eles não se contentam com rendimentos que sejam padrão para os demais.

Talvez você já esteja num patamar em que já tenha algumas economias guardadas. Mas acredite, se você fosse essa pessoa que está sentada em uma montanha de dinheiro, você teria um problema parecido com o delas porque não saberia o que fazer com todo o seu dinheiro.

Algumas pessoas investem a uma taxa de juros que é acordada no ato, essa é a proposta do banco. O banco diz "coloca esse dinheiro aqui, que eu lhe devolvo com tal taxa de retorno, e o risco é esse".

Tem gente que investe em empresas. Pouco tempo atrás, recebi uma ligação de um investidor querendo comprar a parte de uma empresa que eu nem queria vender. E é assim que funciona o mecanismo de quem tem muito capital. Há aqueles que investem em pessoas, em criação de novas empresas.

E o mais interessante é que muitas destas pessoas não desejam sequer aparecer. São os chamados investidores-anjos, que colocam o dinheiro no projeto ou na empresa, mas não se revelam, ficam nos bastidores, como um anjo da guarda, dando o suporte financeiro para que a empresa possa se estruturar e alçar vôos mais altos em curto espaço de tempo.

Existem vários jeitos de levantar dinheiro para o seu empreendimento. A maneira mais óbvia é pedir emprestado ao banco, outra possibilidade é usar o cheque especial, mas esses não são os únicos. Além disso, nessas modalidades de financiamento você pode se enforcar nos juros altos. E eu não sei ao certo se é isso – dependendo do perfil do seu empreendimento – que você deve fazer.

Existe um modo de você levantar dinheiro sem necessariamente se submeter ao risco de pagar juros. E esse modo consiste em você vender parte daquele projeto que você quer construir para outra pessoa ou investidor que acredite no projeto. E este investidor vai avaliar duas coisas nesse projeto: ele avalia se o projeto é grande o bastante para gerar valor sobre o capital investido, se tem potencial para ir adiante, e vai avaliar você.

Não importa se você vai apresentar a melhor oportunidade do mundo para alguém, ele vai olhar para você. Ele vai olhar direto em seus olhos e se perguntar: *"Essa pessoa tem capacidade de tocar isso?"*

Se hoje você não consegue empreender, não é necessariamente porque você não tem dinheiro, mas porque você ainda não conseguiu vender sua ideia, sua visão e seu projeto para quem tem dinheiro. Eu sei que parece que é o dinheiro que está lhe impedindo, mas o que está lhe impedindo é a sua incapacidade de vender essa ideia para alguém que tem dinheiro. E, mesmo que você tenha dinheiro para começar, em algum momento vai faltar capital para cobrir todos os investimentos que seu empreendimento demanda.

E como eu posso fazer essas afirmações com tanta segurança, como eu sei essas coisas?

Há cerca de sete anos, quando comecei a empreender, montei uma empresa no segmento de leilões de imóveis. Eu aproveitava as informações do meu negócio e acabava também investindo nesses imóveis. Nesses leilões muitas vezes os imóveis são vendidos por um montante abaixo do valor de mercado porque são imóveis *embaraçados*.

E esse investidor vai avaliar duas coisas nesse projeto: ele avalia se o projeto é grande o bastante para gerar valor sobre o capital investido, se tem potencial para ir adiante, e vai avaliar você.

28 → 29

Eu comprei alguns imóveis nessa situação até que um belo dia meu dinheiro acabou. Não importa como, mas se você comprar imóveis, vai comprando, vai comprando e um dia pode acabar seu dinheiro. Mas então encontrei um imóvel muito bom que estava sendo vendido por 40% abaixo do valor de mercado, mas eu não tinha o capital disponível para aproveitar a oportunidade daquele instante. Em tese eu perderia aquela chance única.

Até mesmo grandes empresas não têm dinheiro para todos os projetos. Eles vendem a visão desse projeto. No meu caso, liguei para os meus amigos e apresentei o empreendimento da seguinte forma:

"Cara, é o seguinte. Tem um imóvel que está sendo vendido por mais ou menos 40% abaixo do valor de mercado. Eu tenho a capacidade de arrematar e desembaraçar isso. Se você aceitar, deve financiar integralmente a compra do imóvel, após a venda do imóvel você fica com 70% do lucro apurado, 30% fica para mim".

Note que era uma oportunidade na qual eu estava colocando zero do meu dinheiro e pessoa em questão estava colocando todo o dinheiro necessário. Mesmo assim eu ficaria com 30% do lucro.

É possível? É.

Quem tem a crença de que para ser um empreendedor precisa ter o dinheiro antes de empreender está equivocado. Definitivamente, não. O que está lhe impedindo de ir atrás do que você sonha certamente não é o dinheiro, mas a sua limitação em saber vender seu projeto. Não se trata de você ser incapaz ou ser mau vendedor, já que capacidade não é algo com que você nasce ou herda. É um estado que você pode mudar.

Acredite: o fator limitante não é necessariamente o dinheiro, e sim a sua incapacidade em vender a sua ideia. Pois a capacidade de vender uma ideia para quem tem dinheiro foi o fator decisivo que fez com que muitas grandes empresas que nós admiramos tenham se tornado pujantes grupos empresariais.

COMPROMETA-SE
COM O MUNDO.
ASSIM FICA MAIS
DIFÍCIL DESISTIR

sacadas de empreendedor
erico rocha

Sabe qual o maior assassino de ideias que já conheci?

A falta de comprometimento.

Por essa razão, algumas ideias nunca chegam a existir. Nascem e acabam sendo exterminadas ainda recém-nascidas. Todo mundo imagina que só se começa um projeto quando, de fato, se começa a realizá-lo concretamente. Mas isso não é verdade. Um projeto começa quando nos comprometemos com ele. E eu cheguei à conclusão de que existem dois níveis de comprometimento: quando você se compromete com você mesmo, e quando você se compromete com outras pessoas.

Há algum tempo, no começo de um determinado mês, eu me comprometi com uma ideia que me surgiu durante o banho: fazer 30 entrevistas, com 30 empreendedores em 30 dias. No impulso, gravei um vídeo contando para o meu público que faria isso. Ao agir dessa maneira, assumi um compromisso com a minha audiência.

À medida que fui avançando nas entrevistas, percebi que o processo e toda a mobilização necessária para gravar um vídeo por dia eram muito extenuantes, e se eu tivesse me comprometido apenas comigo mesmo, não teria dado certo. Eu certamente teria desistido. Porque é fácil romper o comprometimento consigo mesmo.

O mais interessante é que depois da décima entrevista pensei: *"Será que essa quantidade de entrevistas já não é suficiente?"* Comecei a falar comigo mesmo e a criar razões para justificar para mim mesmo que dez entrevistas eram mais que suficientes. Hoje tenho certeza de que, se eu tivesse guardado a ideia dos 30 vídeos só para mim, teria parado nas 10 entrevistas.

Naquele momento eu me comprometi com aquilo que me moveu. Principalmente porque era um desafio. Ali saquei que se eu só me comprometer com o que já sei de antemão que vou alcançar, ou com o que tem 130% de chance de dar certo, vou jogar pequeno. Não,

[...] e se eu tivesse me comprometido apenas comigo mesmo, não teria dado certo. Eu certamente teria desistido. Porque é fácil romper o comprometimento consigo mesmo

32 → 33

é preciso me desafiar e jogar de maneira que consiga passar para os próximos níveis.

As entrevistas só entraram no ar devido aos dois comprometimentos. Porque eu estava comprometido comigo e com a minha audiência.

Talvez o principal fator que me levou a atingir minhas metas em meus projetos esteja solidamente assentado em um comprometimento forte. E a minha relação com esse comprometimento é determinante para os resultados que vou obter.

Se você tem uma ideia de fazer algo, comprometa-se com você mesmo e não pare por aí. O segundo passo é compartilhar esse comprometimento com outras pessoas. O terceiro passo é fazer de tudo para atingir o seu comprometimento. E nada de estabelecer comprometimentos conservadores, cautelosos. Precisam ser desafiadores e ambiciosos.

Você sempre conseguirá atingir os resultados com os quais se comprometeu? Não. Se você atingir a totalidade dos seus comprometimentos significa que só está atingindo aqueles resultados que estão na sua zona de conforto. Se você for muito conservador, você não se puxa para cima. Minha sugestão é: solte todas as amarras, desafie a si mesmo para ir muito além de tudo que você já fez e vá pra cima!

sacadas de empreendedor
erico rocha

AJUSTE
O FOCO

sacadas de empreendedor
erico rocha

Você já parou para pensar quantos desafios existem dia após dia na vida do empreendedor? E já notou que, em vez de enfrentar os desafios, a maioria deles tende a procurar razões externas para justificar eventuais quedas de faturamento em seus empreendimentos? Os vilões apontados são inúmeros, de alta carga tributária e crise a inadimplência.

E, sem se darem conta, estes empreendedores perdem o foco do negócio e gastam muito tempo e energia em inúteis reclamações. Na minha visão na maioria das vezes as pessoas não têm sucesso nos seus negócios porque elas não têm foco.

Depois de empreender por mais de sete anos em segmentos diversos, aprendi que conseguimos sucesso naquilo em que focamos nossa atenção. E se você não tem sucesso em determinada área da vida, é bem provável que a vida não esteja sendo dura nem injusta com você. Você pode simplesmente não ter focado o suficiente nessa área.

Todos nós temos apenas 24 horas em cada dia. A maioria das pessoas, em vez de executar um projeto com esmero de cada vez, acaba por se envolver em dezenas de projetos ao mesmo tempo, gerando resultados pífios em todos eles. Quando tentamos executar vários projetos de maneira simultânea, tendemos a não ter sucesso em nenhum deles.

Porém, antes que você se sinta mal por estar justamente agindo assim, um tanto desorientado, indo de um lugar para o outro sem chegar a lugar nenhum, eu queria ressaltar que é normal desfocar por um instante. Mas que seja apenas por um instante. É obrigatório retomar o foco do seu projeto com carga máxima em seguida.

Eu sei que não é tão fácil assim focar em apenas um projeto. A minha prática diária de meditação me ensinou que a nossa mente busca de forma natural focar em várias coisas ao mesmo tempo. Mas por que será que acabamos fazendo isso o tempo todo?

A nossa mente fica em permanente estado de alerta para nos proteger. É precisamente contra esse estado de alerta permanente que devemos lutar. Mas se é tão difícil controlar as distrações, como fazer para ter foco no projeto da sua vida e trazer resultados mais efetivos? Um dos principais mecanismos é encontrar pessoas que estão com a mesma intenção que você.

Quer um exemplo?

Se você vai a uma igreja ou a qualquer outro espaço religioso para fazer suas orações, todas as pessoas presentes ali com você com a mesma intenção, predispostas a focar em algo durante um determinado espaço de tempo. Todas aquelas pessoas estão fazendo suas orações naquele período. E se a sua intenção é rezar, evidentemente fica mais fácil quando você se compromete a rezar em determinado horário e local com aquelas pessoas do que dizer a si mesmo *toda semana nesse horário vou parar por duas horas e rezar aqui em casa*. Quando há outras pessoas envolvidas fazendo exatamente a mesma coisa que você, a tendência é que você evite a procrastinação ou então abandone de vez aquilo que precisa ser feito.

Eis um exemplo de minha experiência pessoal.

Eu sempre alimentei o sonho de assistir ao vivo a um jogo da NBA. Recentemente consegui realizá-lo, ao pagar 360 dólares por um ingresso para ver um jogo que eu poderia muito bem ver de graça na televisão, no sofá da minha casa.

Então por que paguei caro para assistir a um jogo da NBA ao vivo? Porque a experiência de ver um jogo ao vivo é completamente diversa daquela de assistir pela televisão. Por mais que a tecnologia tenha avançado para dar a sensação pela TV de que você está lá, *"in loco"*, ver o jogo ao vivo é algo espetacular.

Durante as três horas que estive naquele ginásio, meu único foco era basquete, assim como todo mundo que estava ali dentro, que vibrava a cada lance, amando o esporte, torcendo muito. Seria muito difícil que eu atendesse ao telefone e me distraísse ali dentro. Eu estava disposto a viver aquela experiência durante todo o tempo que estava lá. Se estivesse assistindo do conforto da minha casa, haveria grandes chances de que eu fizesse outras coisas ao mesmo tempo.

Na vida, sempre podemos nos colocar em situações nas quais podemos focar ou desfocar.

Mas o que isso tem a ver com o empreendedorismo? Simplesmente tudo!

Faça reuniões regulares com a sua equipe e verifique se todos têm a mesma clareza da sua visão, se estão imbuídos da mesma intenção que você. Quando você estiver com seus clientes, busque entender as reais necessidades de cada um deles e tenha uma disposição legítima de criar uma solução para ele. Quando se reunir com sua audiência, faça o mesmo, ajuste sua intenção com a de todos de modo que possam caminhar na mesma direção e todos possam crescer juntos.

Eu acredito que um dos motivos do sucesso do Fórmula de Lançamento é justamente o fato de formarmos uma comunidade de pessoas que empreendem, querem transformar as suas vidas e estão 100% focadas naquilo e unidas na mesma intenção.

Quando nós temos foco, os resultados são extraordinários.

Como empreendedor, acredito que foco não é somente importante. Ele é decisivo para o sucesso ou fracasso de um negócio. Se você não está atingindo seus objetivos, faça uma reavaliação levando em conta que um dos problemas pode ser a falta de foco. Se esse for o problema, faça um movimento para que as tentações não o deixem desistir. E tenha sempre em mente que, se você está tentando manter o foco sozinho, as tentações para desistir serão maiores.

Os maiores empreendedores não são necessariamente aqueles que têm mais coragem ou talento. São aqueles que ajustam seu foco, têm coragem de ousar e se colocam numa situação em que falhar não é uma opção.

A nossa mente fica em permanente estado de alerta para nos proteger. É precisamente contra esse estado de alerta permanente que precisamos lutar.

A FORÇA
DO PERDÃO

sacadas de empreendedor
erico rocha

Já lhe aconteceu alguma vez fazer algo de que não se orgulha, e depois ficar massacrando a si mesmo, numa autorrecriminação que o faz se sentir o pior dos seres humanos?

Acordei às quatro horas da tarde, que evidentemente não é o horário ideal para se levantar da cama, mas eu estava com o fuso horário bagunçado e tinha esquecido de programar o despertador. Para complicar um pouco mais, eu tinha uma reunião que começaria justamente naquele horário. Quando levantei, dei de cara com o relógio e vi que tinha perdido a reunião. Para piorar o cenário, quando abri o computador me deparei com vinte e cinco notificações no *Skype* de pessoas que precisavam de um *feedback* meu. Era uma situação de caos total. Em meio a isso tudo, meu filho pedia minha atenção, já que eu tinha ficado aproximadamente uma semana fora, e estava doido para brincar com ele e ele comigo, o que me causava um sentimento de culpa ainda maior. Mas fui obrigado a deixá-lo ali e ir trabalhar. Confesso que minha cabeça estava a ponto de explodir. Naquele momento, tentei de modo instintivo reagir ao bombardeio. Enquanto pensava em toda aquela desordem, culpava, naturalmente, o responsável por aquele turbilhão caótico em que eu me encontrava. Sim, eu achava que havia um responsável por aquilo tudo. E essa pessoa era eu.

Mas me culpar não resolvia a questão central: como voltarmos para um estado produtivo quando estamos imersos em uma situação em que nos sentimos tão mal, tão falhos? Como voltar ao estado gerador de resultados efetivos quando tudo parece dar errado?

Para lidar com essas situações, aprendi uma técnica com um sujeito chamado Frank Oz. Nunca ouviu falar dele? Então, preste atenção no outro nome que vou dizer agora.

Mestre Yoda.

Sim, Mestre Yoda. Frank Oz é o homem por trás do Mestre Yoda. E ele não é só o cara que faz a voz do Yoda.

Ele coordena todos os movimentos do Yoda, ele dá vida ao boneco.

Descobri isso na palestra do Frank Oz, quando, em determinado momento, alguém pediu:

"Será que você poderia fazer a voz do Mestre Yoda aqui?"

Um enorme silêncio se seguiu. Não sabíamos o que ele ia dizer.

Ele não teve dúvidas. Sem pestanejar, respondeu:

"Eu posso, mas não vou fazer. Eu a fiz nos três filmes, mas não vou fazer aqui e nem em qualquer outro lugar. Porque, de todo trabalho do Yoda, sua voz é a parte mais fácil. O Yoda é uma marionete. Eu fico embaixo do Yoda e um dos braços dele é o meu. E há três outras pessoas com os cabos, que controlam as orelhas do Yoda, os olhos do Yoda, as expressões do Yoda. Agora, imaginem que eu precise fazer o Yoda pegar um objeto: Para isso devo estudar os movimentos que um ser vivo faria. Primeiro ele movimentaria os olhos, depois ele movimentaria o corpo, depois um dos braços numa sincronia perfeita para pegar o tal objeto. O Yoda é um todo. E não apenas uma voz".

De algum modo, ele quis nos dizer também que existia uma equipe imensa de pessoas para fazer o Yoda existir, para materializar cada cena. Se você for ver o vídeo, vai perceber a perfeição daquilo, mas jamais suspeitaria a engrenagem que sustenta a existência do personagem.

Agora imagine o quanto o tempo é valioso no *set* de filmagens. Afinal, milhões de dólares estão em jogo, cada hora de estúdio custa uma pequena fortuna. E imagine Frank Oz em um dia ruim como o que eu descrevi no começo. As coisas simplesmente não acontecem. A cena não sai. Ninguém consegue dar vida ao boneco com a veracidade necessária. E imagine que não há a menor possibilidade de remontar o *set*, fazer outro dia, já que tudo em geral segue um rigoroso cronograma.

Como sair de uma situação assim?

Naquela palestra, ele nos confidenciou que o segredo era perdoar a si mesmo. Somos bons em perdoar outras pessoas, mas será que conseguimos perdoar a nós mesmos?

Ele dizia que às vezes era muito duro consigo mesmo. E se você é uma pessoa que atingiu algo em sua vida, é provável que também seja assim. Você é capaz de perdoar todo mundo, mas a última pessoa que está na fila do perdão é você mesmo. E o fato de não se perdoar não lhe permite voltar a um estado de reconhecimento das suas imperfeições, ponderar que afinal de contas você está sempre aprendendo, não importa o que esteja fazendo. Quando você se perdoar, irá perceber que é normal cometer erros e ter dias ruins, que isso é parte do jogo.

Quando percebe que é comum errar, você volta ao seu estado original. Quando você se permite errar, essa tolerância lhe permite fazer as coisas mais de uma vez e enfrentar desafios maiores.

Por que a maioria das pessoas não tem coragem de encarar certos desafios? Porque essa parcela dominante até quer encarar um desafio maior, mas sabe que, se enfrentar um desafio maior e não conseguir entregar o prometido, não vai se perdoar. Ficará por algum tempo sofrendo com a autoflagelação. Portanto, é importante entrar no jogo sabendo se perdoar, sabendo que erros e dias ruins fazem parte.

A segunda dica que ele deu foi que em momentos assim devemos fazer algo que definitivamente nos anime, alguma coisa que nos traga alegria. Pode ser fazer 5 minutos de polichinelo, dar uma volta a pé por 20 minutos, correr dois quilômetros, ligar para alguém, ouvir uma música, cantar uma música, tocar violão, contar uma piada, escutar um *podcast*, ver um episódio ou seu comediante favorito, tomar um café, *you name it*. Algo bom, legal.

Então, a sacada era se divertir quando as coisas estavam meio empacadas. Frank Oz falava para alguém da produção *"vamos tomar um café?"*. E, por mais que olhassem enviesado para ele, ele saía para relaxar no café. Depois daquela pausa de alguns minutos, ele geralmente conseguia voltar ao estado produtivo e criativo.

Isso é o que eu tenho feito quando me encontro no meio de um caos. Eu paro e procuro fazer algo divertido ou relaxante. Mas Erico, você também erra e tem momentos caóticos? Você deve estar se perguntando... Sim, e eu pratico com frequência o perdão a mim mesmo. Tento exercitar os músculos do perdão a si mesmo. Se eu não me perdoar, vou ficar me flagelando e o resultado não virá.

E aí, você também está precisando se perdoar e dar um tempo de 5 minutos?

sacadas de empreendedor
erico rocha

É DURO SE
MANTER
NA ESTRADA
DO
EXTRAORDINÁRIO

sacadas de empreendedor
erico rocha

Certa vez, Susan Garrott, campeã mundial de *Dog Agility*, aquela modalidade de competição entre cães treinados para ter alta performance, concentração e rapidez, enviou um *e-mail* para a lista de um grupo do qual faço parte, dizendo o seguinte:

"Eu recentemente fui a um campeonato regional norte-americano, que é numa ilha, e competi com meus dois cachorros em duas categorias diferentes de saltos. Quando você se qualifica no topo desse campeonato regional, avança diretamente para as quartas de final do campeonato nacional norte-americano de Dog Agility. Logo, é muito vantajoso se qualificar nos 25% finais desse campeonato regional. E existem três subcampeonatos nesses regionais e eu consegui chegar a número 1 com meus dois cachorros em duas das três categorias de que participei. Gostaria de dividir a alegria dessa conquista com vocês."

É claro que os *e-mails* em resposta diziam *"Parabéns", "Eu sabia que você iria conseguir"*, que é o que ouvimos quando atingimos nosso objetivo, aquele lugar onde todo mundo que torcia por nós acreditava que poderíamos chegar.

Um dos meus mentores fez uma réplica que, de tão brilhante e inspiradora, li e reli várias vezes:

"Susan, parabéns por isso. Eu compartilho o sentimento de outras pessoas por não estar surpreso de você ter alcançado tais feitos. Mas eu sei que esse tipo de vitória não vem fácil, e você precisa trabalhar duro para continuar e avançar nesse jogo. Eu já a vi na academia às sete da manhã, antes de um evento, e isso me lembrou da história do meu livro e da lista de best-sellers do New York Times. *Quando cheguei ao número 1, muitas pessoas disseram: "Eu sabia que você ia conseguir" ou "Eu nunca duvidei que você conseguiria". O fato é que eu acredito neles, mas talvez se eles soubessem que eu perdi a primeira semana, se eles pudessem ter visto o quão duro eu trabalhei, talvez eles tivessem alguma dúvida. O que posso dizer é que eu mesmo tenho muitas delas. De todo modo,*

parabéns, não só porque você seja extraordinária, mas também por saber como é longa e difícil a estrada para o extraordinário".

Ele terminou seu depoimento reiterando essa última frase:

"Eu sei como é duro se manter na estrada do extraordinário".

Talvez você não seja um campeão mundial, talvez não esteja ainda no universo das pessoas fora de série. Talvez você esteja, assim como eu, no cotidiano mundo de trabalhar duro, de viver sua missão, de não desistir quando todos falam para desistir. Mas é provável que você esteja, sem ter consciência disso, caminhando rumo à estrada do extraordinário.

Porém, eu devo reiterar: não conheço ninguém que tenha dito que o extraordinário vem fácil. Muitos dizem que vale a pena, mas jamais afirmam que a caminhada será fácil. Mas todos, sem exceção, dizem que você precisa pagar o preço para chegar lá.

Eu imagino que, por você estar lendo esse livro agora, você está em um desses dois estágios: ou já chegou lá ou está no caminho. Saiba que pagar o preço constitui a essência de qualquer empreendedor, porque esteja você ainda no caminho ou já chegando ao destino tão sonhado, jamais deixará de pagar o preço para continuar crescendo e se manter no topo.

Isso mesmo! Porque se você chega ao topo, tem que se manter lá. E esse é um desafio ainda maior do que atingir o ápice.

Eu me lembro quando tive um grande mal-estar durante uma aula de bikram ioga, que é uma modalidade de ioga feita numa sala aquecida a 40 graus celsius. O professor falou: *"A aula está difícil, mas eu quero que vocês permaneçam na sala até o final"*. No meio da aula eu dizia para mim mesmo *"quero sair"*. Devo confessar que pensei em desistir, achei que iria morrer, que iria deixar meu filho órfão. Inúmeras sandices passaram pela minha cabeça levando-me a um estado de pânico.

Porém, naquele momento decidi atravessar a difícil provação de resistir. E quando você diz a si mesmo que quer passar por aquilo, consegue dominar a si mesmo, domar aquela voz que lhe pede para você parar.

As suas chances de sucesso aumentam quando você enfrenta a si mesmo, quando enfrenta seus medos e tudo mais que surgir quando tudo parece conspirar contra você.

Hoje, quando eu faço um lançamento e consigo um faturamento de sete dígitos, as pessoas me olham e dizem: *"Eu sabia que você conseguiria"* ou *"Nunca duvidei que você seria capaz"*. Como se fosse a coisa mais óbvia e natural do mundo, mas somente eu, minha esposa e as pessoas que trabalharam todos esses anos comigo sabem as dificuldades que passamos em todos os lançamentos que já realizamos.

Só para você ter uma ideia, eu já lancei mais de 80 vezes, errei em muitos e acertei em outros tantos; por isso eu afirmo que ninguém pode olhar para meus atuais resultados e achar que comecei agora ou que tenho sorte ou que é fácil para mim. Claro que não se trata disso, tudo foi obtido graças aos anos de muito trabalho e intenso aprendizado. A minha equipe e eu sabemos que ainda temos muito o que aprender e evoluir como pessoas e profissionais e que temos uma longa jornada pela frente rumo ao universo dos extraordinários.

Não tenha dúvida: quando você chegar lá, vai parecer que foi fácil aos olhos dos outros. Eles dirão *"Eu sabia"*. Mas só você saberá o quanto custou chegar ao topo.

Eu te vejo no topo!

A TEORIA DOS
OBSERVADORES

sacadas de empreendedor
erico rocha

Meu modo de enxergar o mundo dos negócios mudou substancialmente quando fiz um curso no qual era necessário, como parte do aprendizado, desenvolver um projeto dentro de uma comunidade. Foi durante essa experiência única, na qual estava absolutamente envolvido, que aprendi a "teoria dos observadores".

Durante esse curso, era obrigatório que todos os alunos tivessem um observador para cada projeto. Essa pessoa observaria o projeto de maneira independente e imparcial, identificando os pontos cegos, os quais dificilmente enxergamos quando estamos envolvidos e concentrados na nossa ideia.

Por isso, era fundamental eleger alguém que tivesse a cabeça fria para lidar com os aspectos do negócio sem envolvimento emocional. É mais ou menos como aquela recomendação de um médico ou advogado não operar ou defender o próprio filho. Um observador não é um técnico ou mentor. É um cara que joga as informações na mesa para você tomar decisões.

Depois desse curso, eu levei essa teoria para meus negócios em definitivo. Tanto e a tal ponto que hoje elejo mais de um observador quando preciso ter uma visão 360 graus de como estou empreendendo. Eu sempre escolho três pessoas distintas que possam apontar os pontos cegos nos meus projetos sob diferentes perspectivas. São pessoas, necessariamente, com sangue-frio, que conseguem identificar os erros ou as negligências no desenvolvimento de meus produtos e falar sobre eles sem nenhum tipo de constrangimento.

Eu escolho três observadores para ter um diagnóstico do eventual reparo: se é pontual ou gritante. Isso porque, naturalmente, se o mesmo reparo for detectado pelos três observadores, é diagnosticado como gritante.

Nos meus lançamentos tenho uma pessoa que observa tudo desde o começo, além de outros dois observadores estrangeiros. Por que elejo também observadores do exterior? Porque eles abrem minha cabeça. Não estão envolvidos culturalmente com o

Eu escolho três observadores também porque isso me dá a perspectiva se um eventual reparo é pontual ou gritante. Porque naturalmente, se a mesma observação aparece nos três observadores ela é diagnosticada como gritante.

Brasil, e podem dar opiniões distintas que agregam e contribuem para o projeto.

Ao eleger os seus observadores, escolha alguém que já tenha vivenciado o que você está passando. Porque a experiência fará com que este observador possa interagir na situação de forma mais assertiva, já que ele próprio lidou com ela.

Mas como remunerar essas pessoas? Você deve estar se perguntando isso, já que são pessoas que passaram pelo que passamos e estão em um degrau acima de nós.

A única maneira que eu tenho de "pagar" essas pessoas é também agindo como observador dos lançamentos delas. Eu acredito nessa reciprocidade, pois ela ajuda o outro a crescer e todos crescem ainda mais juntos.

Você pode ter observadores em várias áreas da sua vida. Talvez você consiga encontrar observadores ideais, talvez não. Mas se conseguir incluí-los nas suas relações pessoais e profissionais, vai perceber o quanto este olhar é poderoso.

sacadas de empreendedor
erico rocha

CUMPRIR TABELA
×
JOGAR PARA GANHAR

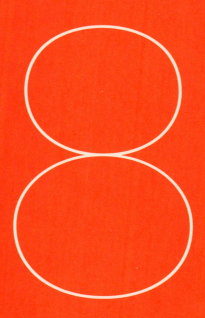

sacadas de empreendedor
erico rocha

Eu estava em reunião com meu pequeno grupo de mentoria, prestes a fazer outro evento ao vivo do Fórmula de Lançamento, quando um amigo participante pediu para falar comigo sobre o quanto ele estava crescendo na empresa dele e conquistando cada vez mais audiência.

Ao ouvi-lo falar do que vinha fazendo e dos resultados alcançados, eu me vi intrigado. Enquanto conversávamos eu percebia nele uma garra fora do comum. Ali existia um cara que realmente colocava em prática o meu método e colhia os resultados desejados. Enquanto eu olhava para ele, me perguntava: o que fez a diferença para esse cara em especial? Técnica? Muitas pessoas tinham a mesma técnica e os mesmos recursos que ele.

Foi então que caiu a minha ficha. Ele tinha um diferencial. Ele jogava para ganhar. Era precisamente isso que fazia com que ele alcançasse resultados tão extraordinários. Claro que ele não ganha todas as vezes. Às vezes empata, às vezes quase marca o gol, mas, olhando de fora, digamos, como observador, eu percebi que aquele cara estava jogando para ganhar. Caindo, tropeçando, levantando, mas jogando para ganhar.

Um pouco antes do evento ao vivo para os meus alunos do Fórmula de Lançamento, meu irmão e eu pontuávamos tudo aquilo que queríamos daquele evento. Então chegamos à conclusão de que havia claramente duas opções: ou fazíamos um evento para cumprir tabela ou jogávamos para ganhar.

Inspirado pelo meu parceiro, decidi que aquele seria o melhor evento da minha vida! Pensei: se este fosse o último evento da minha vida, o que eu gostaria que ele tivesse de extraordinário? E foi com esse espírito que entrei em campo.

Eu não estou aqui para julgar ninguém, estou aqui para compartilhar o que deu certo para mim, as sacadas empreendedoras que gostaria que tivessem dividido comigo quando comecei nesta área.

E eu percebi que se você quer chegar ao topo, tem que

Quem apenas cumpre tabela não ganha.

jogar para ganhar. Não uma vez ou outra, mas sempre. Quem apenas cumpre tabela não ganha.

Claro que mesmo jogando para ganhar pode ser que você perca, sobretudo se na sua área tem muita gente com foco, intenção e comprometimento de alto nível. Mas não é isso o que importa. O fundamental é você escolher conscientemente se vai jogar para ganhar ou para cumprir tabela. E, se você jogou para ganhar e não ganhou, na próxima vez jogue mais forte, mais pesado. Treine mais, faça um planejamento mais detalhado, dedique-se mais e jogue novamente para ganhar.

sacadas de empreendedor
erico rocha

TOPOU?
VIGIA!

sacadas de empreendedor
erico rocha

Eu tinha acabado de chegar à cidade para onde eu havia me mudado com a minha família. Tudo parecia estar correndo bem. Eu tinha acordado feliz, estava saindo para trabalhar, iria para o escritório de metrô. Mas, assim que entrei no vagão, coloquei a mão no bolso e não achei a chave do escritório.

Naquela hora, fiquei muito bravo comigo mesmo. Desci na estação seguinte e voltei para casa contrariado. Lá estava minha esposa, saindo para levar nosso filho para a escola. Peguei a chave, ainda furioso por ter tido que voltar. Decidi ir junto com eles, porque meu filho queria minha atenção. Só que, acreditem ou não, no meio do caminho lembrei que tinha esquecido a fonte do computador. Minha irritação comigo mesmo triplicou. Até que lembrei de uma frase de efeito que aprendi com um amigo:

"Topou? Vigia!"

Quando eu era criança, minha mãe tinha um calo no dedinho do pé e todos sabíamos que era preciso tomar muito cuidado com o pé dela, pois doía demais quando alguém encostava naquele calo. Um dia, quando eu era bem pequeno, ela tinha acabado de chegar em casa, nervosa por causa de um problema no trabalho. Quando ela entrou, fui correndo dar um abraço e pisei no calo dela. Minha mãe é muito calma, mas naquele dia ficou fora de si.

Por que eu estou contando esta história?

Porque eu queria demonstrar que mesmo o "eu verdadeiro" da minha mãe, que ama os filhos dela, faz loucuras por eles, daria a própria vida por nós, mesmo ela, se transforma quando a gente dá uma topada no calo dela. O "eu amoroso" da minha mãe desaparece e dá lugar a um "eu feroz".

Isso também vai acontecer muitas vezes na sua vida de empreendedor. Você vai topar com muitas pedras no meio do caminho, muitos obstáculos, que podem tirá-lo do eixo, destruir suas convicções. O eu que ama o empreendedorismo pode ser soterrado pelas dificuldades. Como não permitir que isso aconteça?

Isso também vai acontecer muitas vezes na sua vida de empreendedor. Você vai topar com muitas pedras no meio do caminho, muitos obstáculos, que podem te tirar do eixo, destruir suas convicções.

Topou com algo difícil, doloroso, espinhoso, duro de encarar? Vigia! Atente mais do que nunca para os seus pensamentos, reações e ações.

Naquele dia, eu saquei que aquele não era o Erico. Era só a expressão de um estado emocional que a topada tinha causado em mim. Não era o fim do mundo esquecer a chave e a fonte. Mas lembrar de vigiar minha mente, impediu que eu transformasse aquele pequeno incidente em algo que poderia comprometer o meu dia inteiro.

Lembro-me também de outro episódio ilustrativo desta sacada. Eu estava em um evento ao vivo com mais de mil pessoas, e deixei o celular e a carteira no meu camarim. Havia algum dinheiro na carteira e cartões. Quando voltei, a carteira tinha sido roubada. Eu não morava na cidade onde estava acontecendo o evento, precisaria cancelar os cartões, talvez envolver a polícia. Ao mesmo tempo, havia quase 1500 pessoas me aguardando, esperando que eu causasse algum impacto na vida delas com a minha apresentação. Gente que tinha se deslocado de vários lugares para estar lá.

Na topada, eu lembrei da sacada: Topou? Vigia!

Voltei para o meu "verdadeiro eu" e pensei: "A coisa mais importante neste momento é fazer a diferença aqui". Foi assim que o meu "eu original" voltou. Escolhi me concentrar nas pessoas que estavam ali e fui para o palco passar minha mensagem.

Então, mesmo que aconteça algo terrível com você, se topar, vigie.

As pessoas que mais admiro topam com muitos obstáculos. Todo mundo vai topar em algum momento. Com você não será diferente, mas se pergunte: você já topou com alguma dificuldade que fez o seu "eu empreendedor" desaparecer por alguns instantes? Se topou, vigie! Pois é em tempos assim que o seu equilíbrio tem que ser maior que a tendência da queda.

SE DER MEDO,
VAI COM
MEDO MESMO!

10

sacadas de empreendedor
erico rocha

Todos nós já enfrentamos diversas situações em nossas vidas nas quais o medo estava presente. A intensidade do medo podia ser variável, mas ele estava lá. É uma realidade inelutável que todos nós às vezes sentimos medo, o que pode ser paralisante. Muitas vezes ele nos deixa congelados por bons motivos. Não quero em absoluto subestimar o medo, porque ele já salvou muita gente.

Se eu tenho que atravessar uma rua movimentada que não tem nem faixa de pedestres e nem um semáforo, se eu não tiver medo de ser atropelado ou de morrer, posso ser negligente e me colocar em risco de morte. Essa categoria de medo é boa porque me protege do perigo e talvez tenha salvado a minha vida mais de uma vez.

Mas me refiro a outro tipo de medo, que também é muito presente em nossas vidas. Aquele medo que nos impede de chegar onde a gente quer.

Estávamos em dezembro de 2014. Fui fazer um evento ao vivo do Fórmula de Lançamento e tive a oportunidade e o privilégio de almoçar com um empresário e grande amigo que considero fenomenal. Depois do almoço, nós fomos visitar a sede de uma de suas empresas, eu me sentia honrado pelo convite. A visão deste empresário para onde ele queria levar suas empresas era simplesmente genial. Acho que naquele dia aprendi o equivalente a cinco anos de estudos.

A certa altura do nosso papo, ele virou e perguntou: *"Mas e você, como está?"*

Respondi que no dia seguinte teria um evento ao vivo do Fórmula de Lançamento e que eu estava muito ansioso. Era um salto para minha equipe. Organizar um evento daquela grandeza, com *check-in* para 1.500 pessoas, com a responsabilidade de fazer bonito.

Só que esse meu amigo é um cara muito "papo reto", direto ao ponto, sem rodeios. Ele disparou: *"Mas você está ansioso por quê? Não era isso que você queria? Não foi pra isso que se preparou? Não era isso que você vinha orquestrando?*

Eu respondi que sim, claro. Não falei de imediato que na verdade estava com medo, porque queria aparentar tranquilidade, afinal de contas, eu estava com um dos meus heróis, um cara que fazia tudo acontecer de uma maneira inacreditável. Mas conversa vai, conversa vem, tive que admitir que estava em pânico. Foi quando ele disse a coisa mais simples e transformadora que podia dizer:

"Erico, o que cura o medo é a ação."

"Se você tem um medo que quer curar, você tem que agir."

E foi exatamente o que aconteceu. Porque, quando pisei no palco, meu medo desapareceu. Quem me viu tenso antes e me viu depois de começar o evento pôde perceber claramente o efeito da ação. Alguns poucos minutos naquele palco, e parecia que eu estava em casa.

Agora eu pergunto para você: Do que você tem medo? Que tipo de medo está impedindo você de seguir adiante com os seus projetos? Você tem medo de falar com um cliente muito importante? De propor a alguém uma parceria nova? De buscar um investidor para o seu negócio? De que no fim tudo dê errado? Pois saiba que eu tenho tanto medo quanto você. A diferença é que eu já aprendi algumas formas de lidar com ele.

Hoje, quando olho para trás, vejo que queimar a ponte é um modo de curar o medo. Escolher pessoas que observem você e apontem suas fragilidades é também um modo de se curar do medo, no caso, do medo da exposição. Agora, é claro que existe uma forma bem mais simples de se curar do medo: não se colocar em situações de risco. Mas se você tem espírito empreendedor, não pode sequer contar com essa possibilidade porque o medo é inerente ao processo.

Sabe o que os alpinistas fazem depois de arriscar a vida em situações extremas, altamente amedrontadoras? A maioria deles volta e procura um pico mais alto para escalar. Isso não quer dizer que eles não tenham mais medo. O medo continua lá, mas o desejo de atingir alturas maiores supera qualquer medo que possa surgir.

    A minha montanha pode ser maior que a sua, menor que a do outro. O meu medo pode ser igual ou maior que o seu, não importa. Mantenha os olhos fixos no pico, e como diz a nova máxima: Se der medo, vai com medo mesmo!

É claro que existe uma forma bem mais simples de se curar do medo: não se colocar em situações de risco. Mas se você tem espírito empreendedor, não pode sequer contar com essa possibilidade porque o medo é inerente ao processo.

O GATILHO MENTAL
DA ESCASSEZ

sacadas de empreendedor
erico rocha

Você tem a intenção de aumentar o valor percebido que o seu produto tem?

Se a resposta for sim, eu prestaria muita atenção nesta sacada. Perceba que, quando ela for aplicada ao seu negócio, pode gerar resultados imediatos surpreendentes.

Eu tive o *insight* desta sacada ao observar o desenvolvimento do meu filho Noah. Aos cinco anos ele já passou por algumas fases em que mudou suas paixões por brinquedos. Numa determinada época, ele estava fissurado em trenzinhos e desenhos animados que tivessem trenzinhos. Um destes desenhos era muito especial para ele, e quando consegui encontrar um trem igual ao que aparecia no desenho, comprei o brinquedo sem pensar duas vezes.

O pequeno Noah vivia cantando a música do desenho o tempo todo. Quando ele me viu chegar com aquele presente, saiu correndo em direção à porta e se jogou no meu colo. Assim que abriu o presente, seus olhos brilharam de tal maneira que parecia que ele também era personagem do desenho que assistia. Ele amou o trenzinho e andava para todos os lados e direções com ele. Onde o Noah estivesse, lá estava com o brinquedo em seus braços.

Com o tempo ele começou a assistir a outro desenho com uns bichinhos que viviam no fundo do mar. Era outra fase, e o tão amado trenzinho foi literalmente esquecido.

E o que aconteceu logo depois? Nós mudamos de apartamento e tivemos de encaixotar alguns brinquedos dele. Assim, ele ficou muito tempo sem nem lembrar de que o trenzinho existia. E como ele já não dava mais bola para o trenzinho, nós o deixamos na caixa por um bom período.

Passado um tempo, nos deparamos com as caixas e decidimos abri-las. Para nossa surpresa, quando o Noah reviu o trenzinho, ele ficou vidrado e não o largou mais. Era como se o mundo do Noah fosse aquele pequeno trem.

Por que estou contando isso?

Porque ele não dava nenhuma atenção quando estava com um brinquedo que estava disponível a qualquer momento. Mas quando Noah ficou por um bom tempo sem ver o trem ele ficou enlouquecido ao vê-lo novamente. Essa reação de uma criança explica um pouco o gatilho mental da escassez.

Gatilho mental é uma espécie de mecanismo que faz com que você preste atenção e tome uma atitude. E um dos gatilhos mentais mais fortes que existe é o da escassez.

O ser humano naturalmente quer e deseja aquilo que é escasso. E isso não precisa ser explicado. Nascemos assim.

Tive outra demonstração deste gatilho quando morei na Alemanha. Ainda era inverno quando lá cheguei. Tão logo o verão surgiu, aconteceu algo que eu não esperava: eu via uma quantidade enorme de alemães "lagarteando" nos parques.

Ao passo que no Brasil, país tropical de abundante sol em praticamente todo o ano, as pessoas procuram se esconder do sol ou mesmo procurar uma sombra, enquanto lá os alemães pareciam aproveitar cada raio de sol, estendidos no chão.

Durante o tempo que morei na Europa percebi que, como o sol era escasso para eles, lá eles davam muito mais valor para o sol quando ele aparecia.

Se o mesmo alemão morar no Brasil, depois de algum tempo ele também vai procurar uma sombra, porque o sol não vai ser mais aquela coisa tão espetacular para ele. Como sei disso? Porque quando cheguei no meu oitavo ano na Europa, eu também estava "lagarteando" assim como todos os outros alemães que via nos parques.

A tendência é que as pessoas valorizem aquilo que é escasso. Exemplos? Diamante é escasso. Uma casa com vista para a praia também é escasso, por isso as pessoas desejam mais. E no seu negócio você pode usar a escassez para aumentar o valor percebido de um produto.

A Apple foi uma das primeiras a usar essa estratégia. Ela tem um produto que se chama Ipod, e decidiu criar séries limitadas de Ipod que eram mais caras, mas vendiam rapidamente porque todos sabiam que "iria acabar". Eu me lembro da série limitada do U2, que trazia as músicas do U2 e isso fazia com que o preço subisse, e o produto vendesse ainda mais.

Eu enumerei acima apenas alguns exemplos simples de como a escassez pode funcionar na alteração de percepção do valor de um produto e no imaginário do público.

Você pode usar escassez no seu negócio para, de tempos em tempos, aumentar o valor percebido de um produto? Sim, pode. Funciona? Se você fizer com maestria e integridade funciona.

Mas qual é o meu conselho nesses casos? Se você fizer isso, seja 100% íntegro, cumpra o que prometeu. Porque se você usar esse gatilho da escassez e não cumprir o prometido, tal como alardear que tal linha "customizada" é uma série limitada de um produto mais genérico e ela não for limitada, isso vai funcionar apenas uma vez. O que faz o empreendedorismo funcionar sempre é a integridade. Desde que você cumpra sua palavra e seja honesto e íntegro, esse gatilho pode realmente ajudar o seu negócio.

O ser humano naturalmente quer e deseja aquilo que é escasso. E isso não precisa ser explicado. Nascemos assim.

12

CORTAR LENHA
OU AFIAR
O MACHADO?

Uma das perguntas que mais me fazem no empreendedorismo é:

"Erico, como posso lançar um negócio se não tenho nem ideia do que criar?"

Vou contar uma narrativa alegórica para chegar direto ao ponto.

Havia na floresta um mestre lenhador e seu aprendiz, para quem o lenhador ensinava técnicas de cortar lenha. Por muito tempo ele ensinou aquele aprendiz, que era o melhor aprendiz daquele mestre. Um dia o aprendiz achou que depois de tanto tempo já era melhor que o mestre e o chamou para um desafio: quem cortava mais lenha. O mestre aceitou, e assim começaram o desafio. O aprendiz era mais forte e, vigoroso e o mestre mais idoso, já não tinha tanta força física.

O aprendiz começou a lenhar, como se a vida dele dependesse daquilo. E toda vez que ele olhava para o mestre, parecia que o mestre estava descansando. Ele começou a acreditar que ganharia.

Ao fim do dia, eles foram ver as montanhas de lenha que cada um tinha cortado. Para a surpresa de todos, a montanha de lenha do mestre era muito maior que a do aprendiz. O aprendiz não conseguia crer no que via e teve de perguntar: *"Como você fez isso? Enquanto eu estava ali ralando, parecia que você estava descansando".* O mestre respondeu: *"Na hora em que você achava que eu estava descansando, eu estava afiando o meu machado".*

A moral da história é que, às vezes, o empreendedorismo não é só suor, suor, suor. Às vezes temos de parar um pouco para afiar nosso machado. Três vezes por ano faço verdadeiros retiros para afiar o meu machado.

Mas voltando à pergunta inicial do capítulo, como lançar algo para empreender, se nem sei o que lançar? Minha resposta é: se eu não tivesse ideia do que lançar, eu começaria a empreender afiando o meu machado.

O empreendedorismo é uma atividade multidisciplinar, na qual você aplica competências de diferentes áreas, tais como gerenciamento de pessoas, vendas, finanças, marketing e muitas outras. Enquanto eu não soubesse o que lançar, eu começaria a empreender afiando o meu machado.

Em que especificamente eu começaria? Eu aprenderia a vender.

Essa é uma das disciplinas que representa um vital combustível para o seu negócio. Talvez nas outras áreas do empreendedorismo você consiga muito menos resultado. Mas quando você já sabe vender, é mais fácil investir, é mais fácil produzir. Eu aprenderia a vender. Ainda mais, eu aprenderia a vender online.

Por quê?

Porque aprender a vender e aprender a vender online tem os mesmos fundamentos, mas é uma mecânica diferente. E no comércio online você pode ganhar muito mais escala em um período de tempo muito menor.

Se eu gravo um vídeo, em alguns dias eu tenho milhares de visualizações. Em que lugar físico eu teria isso? O que eu precisaria fazer para ter milhares de visualizações numa mensagem de venda no mundo real? Qual seria esse lugar? Quantas conversas eu precisaria ter? Plante a sua semente onde há mais chance dela germinar.

Eu aconselho você a afiar o machado aprendendo a vender online. Se não estiver vendendo seus produtos, venda produtos de outras pessoas, para afiar seu machado. Porque, quando você tem seu machado afiado, você vê oportunidades que antes não conseguia ver.

Por incrível que pareça, quando seu machado não está afiado, faltam ideias e você se confunde achando que sua limitação está em não ter ideias. Há algumas pessoas que afiam tanto o machado que ele se torna quase que uma motosserra. E quando você tem uma motosserra, as oportunidades de negócios se ampliam consideravelmente.

Quando você chega a esse estágio, consegue experimentar a sensação mágica dos grandes empreendedores que o tempo todo enxergam um universo de possibilidades se abrindo diante deles.

Eu aconselho você a afiar o machado aprendendo a vender online. Se não estiver vendendo seus produtos, venda produtos de outras pessoas, para afiar seu machado. Porque quando você tem seu machado afiado, você vê oportunidades que antes não conseguia ver.

O GATILHO MENTAL
DA AUTORIDADE

sacadas de empreendedor
erico rocha

Tudo fica mais fácil no ramo dos negócios se o cliente percebe que você é uma autoridade, se existe a percepção de que você é um *expert*. Em inglês, há inclusive uma expressão que poderia ser traduzida como "argumento de autoridade".

A pergunta que você pode estar fazendo a si mesmo neste instante é:

"Como criar essa percepção para o meu cliente?"

Creio que mais um relato da minha experiência pode lhe ajudar. Eu morei oito anos em Londres, sendo que nos primeiros quatro anos eu não tinha carro. Lá é diferente do Brasil, onde normalmente as pessoas compram um carro com as primeiras economias guardadas. Nos últimos anos da minha "fase britânica", decidi comprar um carro, para escapar da cidade nos fins de semana.

Na Inglaterra existe um prazo para validar a carteira de motorista brasileira. E, naquela época, o meu já tinha expirado. Então fui obrigado a tirar uma nova licença de motorista. Tudo era bem diferente porque eu precisava aprender a dirigir do outro lado do carro, já que, como se sabe, a mão das vias é do lado esquerdo no Reino Unido. Precisei reaprender a dirigir ali, o que foi uma experiência bem diferente da que eu estava acostumado. Por mais que você saiba dirigir, no começo é muito estranho e você tende a entrar na contramão. Devo ter feito umas quinze aulas para entender o funcionamento da coisa toda.

Quando consegui tirar a carteira, liguei para o meu melhor amigo e disse: "Vamos dar uma volta com meu carro novo. Tirei a carteira". Fomos para um lugar chamado Broadway Market, um mercado em Londres. Não bebi porque estava dirigindo, mas ficamos em um *pub* conversando por um bom tempo.

Ao sairmos do *pub*, voltamos para o carro. Quando eu o liguei e comecei a acelerar havia outro carro na minha frente. Estávamos em um estacionamento que ficava em uma ruela. E o tal carro parou na minha frente, com o motorista a fazer sinais que indicavam *"O que é isso? Sai da frente!"*

Respondi que estava no lugar certo. Emendei, mal-humorado: *"É só você virar para o lado e sair"*.

Ele continuou gesticulando, mandando eu sair da frente, mas eu insisti que não ia sair. Finalizei a discussão com um gesto que mandava ele passar por cima.

Notei que ele ficou bem chateado, olhou para mim, saiu e deu a volta. Eu olhei para meu amigo e comentei: *"Que cara maluco!"*.

Continuamos o passeio. Ao virar uma esquina quase deserta, eu percebi que vinha um carro atrás de mim. De repente soou uma sirene. Suei frio. Era um policial *"undercover"*, isto é, à paisana.

O policial saiu do veículo. Eu imediatamente parei o carro e abri o vidro. Vi que ele usava um colete com duas armas, uma no peito e outra na cintura, e enfiou a mão dentro do *cockpit* do meu carro, tirou a chave, colocou sobre o carro e gritou:

"Get the fuck out of the car", o que significa, traduzindo de um jeito mais educado: "Saia da porcaria do carro".

Eu saí do carro, e devo ter ficado impressionado com as armas, pois entrei numa espécie de choque ou transe. Ele começou a gritar que eu estava bêbado e que iria fazer um teste em mim. Eu estava em um estado de choque tão grande que não conseguia articular uma resposta. Mas ele queria de qualquer maneira fazer o teste para saber se eu estava bêbado, pois revistou meus bolsos, o carro inteiro e dizia que eu estava bêbado.

Eu afirmei que não tinha bebido. Então ele disse: *"Você estava na contramão"*. Só então lembrei que ele era o cara que eu tinha mandado passar por cima de mim. Ele deve ter ficado tão furioso que estava literalmente passando por cima de mim.

Pensei comigo mesmo: *"Meu Deus do céu, aquele cara era policial! Eu não sabia que aquele cara era policial!"* Ele fez uma rápida entrevista comigo e tudo finalmente fez sentido para ele quando eu contei que era brasileiro e tinha acabado de tirar a carteira. Ele compreendeu que não era má-fé minha.

"Então você não está bêbado andando na contramão, é apenas um iniciante que estava confundindo a mão com a contramão por ser estrangeiro."

Eu reconheci que havia errado. Entramos no carro e ele nos seguiu até a nossa casa e tudo terminou bem.

Mas por que estou contando isso a você? Quando percebemos que alguém está investido de alguma autoridade, normalmente tendemos a obedecer.

O que aconteceu?

O policial estava parado na minha frente, mas como não estava uniformizado, não pude identificá-lo e acabei sendo grosseiro. É claro que eu não deveria ter falado daquele jeito com ninguém, mas se aquele policial estivesse identificado, eu o teria respeitado e tratado de outra forma. E a vida, na grande maioria das vezes, funciona assim. Quando alguém é investido de alguma autoridade, você segue o que aquela pessoa fala.

A autoridade não estava nele propriamente dito. A autoridade estava na minha percepção sobre ele. Nesse caso o gatilho mental da autoridade não estava apertado quando ele estava à paisana. Mas foi só ele ligar a sirene e o gatilho foi disparado. Eu percebi sua autoridade apenas naquele momento.

Por analogia, as coisas funcionam do mesmo modo no seu mercado. Você pode criar uma autoridade para si. E se você se tornar uma autoridade no seu mercado, as coisas vão ficar muito mais fáceis para você. Mas como se faz isso?

Uma das primeiras coisas que qualquer um pode fazer para ganhar autoridade é publicar conteúdos relevantes sobre o mercado em que atua. O fato de eu publicar vídeos sobre o meu conteúdo, que contribuem para as pessoas que querem empreender, faz com que eu me torne uma autoridade aos olhos da minha audiência. Como eu sei disso?

Um dia desses estava em um aeroporto, e um dos funcionários da companhia aérea me perguntou: *"Você é o Erico Rocha"?*. Como respondi afirmativamente, ele

Comprometa-se em levar sua mensagem para o mundo e faça isso usando todo o seu potencial. Lembre-se sempre que o fato de você ter tanto conhecimento não o torna uma autoridade.

quis tirar fotos comigo porque assistia a meus vídeos. Na mente daquele cara eu tinha autoridade, mas na de outra pessoa que estava naquela fila eu possivelmente não tinha autoridade nenhuma. A autoridade não está em mim, mas na cabeça das pessoas que me seguem. Da mesma maneira que a autoridade não estava no policial em si, mas na minha percepção, no modo como eu o via.

Esse gatilho pode ser acionado na percepção dos clientes.

O que você precisa fazer no seu negócio para criar autoridade e influenciar positivamente mais pessoas com sua mensagem? Publique algo que possa realmente agregar valor para as outras pessoas. Mas tenha muita atenção, isso só funciona se você publicar algo de real valor.

Um dia conversava com um cara que tem muita legitimidade em um determinado assunto, mas nenhuma autoridade percebida. Ele guardou todo o conhecimento para si, ao passo que outras pessoas, que não têm tanta legitimidade ou credibilidade no assunto que ele domina, publicam e dividem o conhecimento. Eu conheço muita gente como ele que estudou muito, conhece determinados assuntos como poucos, tiveram experiências intensas sobre seus temas, mas não usam isso a seu favor.

Não seja mais um desses. Comprometa-se em levar sua mensagem para o mundo e faça isso usando todo o seu potencial. Lembre-se sempre que o fato de você ter tanto conhecimento não o torna uma autoridade. A sacada é você publicá-lo de alguma maneira, fazer circular, preferencialmente online, para disparar o gatilho da autoridade em seu mercado. Acredite, se você acionar esse gatilho, vai ver como as coisas ficarão mais simples.

INVERTA O RISCO
DE UMA TRANSAÇÃO

sacadas de empreendedor
erico rocha

Todos nós temos alguma crença que não se modifica facilmente, como se fosse um *chip* difícil de reprogramar instalado na nossa mente. Esse *chip* fica apitando por horas quando enfrentamos uma situação com a qual não lidamos bem no passado.

Eu posso comprovar essa afirmação por experiência própria. Pode parecer teimosia, mas quando colocamos algo na nossa cabeça, é difícil tirar. Percebi isso ainda jovem, de uma maneira um tanto dolorosa.

Eu ainda era um adolescente romântico, se isso não for um pleonasmo, e namorava uma garota com todo o ardor da puberdade. Eis que um belo dia, sem mais nem menos, ela terminou comigo. Aquilo foi de cortar o coração. Minhas expectativas, planos e sentimentos foram aniquilados da noite para o dia, e ela nem considerou o fato de que ia destroçar meu coração, já que poucos dias depois do rompimento apareceu com outro cara, que não tinha nada de especial, exceto o fato de ter um carro.

Foi naquele dia, ao observar a minha ex-namorada entrando no carro de um estranho, que internalizei muito mais do que uma dor de cotovelo. Aquela sensação parecia ter sido inoculada por um vírus, pois eu passei a comparar cada aspecto da minha personalidade com a dele. E, sem encontrar nele nada excepcional, acabei me convencendo de que ela tinha me trocado por um único motivo, grande e vermelho: um carro. Estava tudo explicado: ele tinha um carro e eu não. Daquele dia em diante não havia mais o que fazer, pois esta crença já havia se instalado na minha alma.

Foi assim que passei a acreditar que as mulheres só pensavam em dinheiro. Não havia nada nem ninguém que pudesse tirar essa crença da minha cabeça. Eu ficava praticamente o tempo todo procurando comprová-la com os fatos. E, para minha triste satisfação, eu frequentemente encontrava dezenas de justificativas para ela.

Algum tempo depois comecei outro namoro. E não há nada mais revigorante que um novo relacionamento para curar a dor de cotovelo de uma paixão que insistia em demorar para cicatrizar. As mágoas já não existiam. Eu estava novamente feliz e apaixonado. E numa determinada tarde, eu aprendi o que era o "futuro certamente provável".

Certamente você já deve ter passado por alguma situação similar na sua vida, em que se sentiu enganado por algum motivo. A desconfiança que germinou naquele instante passa a ser quase irreversível. E eu era um cara desconfiado no nível máximo da palavra, mesmo que não tivesse nenhum indício de que as mulheres estavam interessadas somente no meu dinheiro. Mas eu achava que mais cedo ou mais tarde minhas desconfianças se revelariam verdadeiras.

Esse era meu "futuro certamente provável".

Até que encontrei minha última namorada. Por mais que eu quisesse um relacionamento estável com ela, eu resistia em me entregar por completo. E isso durou os oito anos de namoro. Durante todo este tempo eu relutei em pedi-la em casamento. A crença de que um dia ela fizesse o mesmo que aquela namorada da adolescência havia feito comigo estava tão arraigada em mim que eu preferia não arriscar ser magoado novamente. Era como um fantasma que eu tivesse guardado dentro do meu armário. Eu tentava escondê-lo e aprisioná-lo para que não me assombrasse, mas quanto mais lutava contra ele, mais força ele ganhava e maior ficava. Só consegui pedi-la em casamento quando percebi que aquilo que eu pensava dela e de todas as mulheres não era uma verdade, mas simplesmente uma crença instalada na minha cabeça por causa de uma má experiência em um namoro pueril. O medo do "futuro certamente provável" é tão real que acaba nos imobilizando e nos impedindo de fazer as coisas que desejamos do fundo da alma.

Estou contando tudo isso por um único motivo: seus clientes também podem estar evitando você. E talvez nem seja sua culpa.

A questão é que todo cliente com quem você considera fazer negócios já foi passado para trás alguma vez. Ele gastou dinheiro em uma coisa que não era da qualidade que lhe foi prometida, o que gerou uma expectativa não atendida. E mesmo que você não tenha nada a ver com isso, você terá de lidar com a crença desse cliente, pois ao ter sido passado para trás por uma situação dessas, ele crê que o mundo é um lugar onde a maioria das pessoas não cumprem o que prometem. Ou seja, ele vê quase todos os vendedores como pessoas que omitem a verdade.

Logo, esse cliente entra em qualquer negócio no modo desconfiança, principalmente se você vende online. E essa é uma atitude inconsciente, pois ele ainda nem tentou comprar o seu produto, que pode ser exatamente aquilo que ele quer. É o fantasma guardado no armário. Você deve tentar afugentar este fantasma que assombra seu cliente, ainda que este quadro faça parte do "futuro certamente provável" dele.

E agora chegamos à pergunta central deste capítulo: como reverter a situação, já que essa crença está tão arraigada na mente dele?

Na cabeça do seu cliente o "futuro certamente provável" dele é "eu vou investir dinheiro, eu vou investir tempo e isso não vai dar resultado". E não pense que seu cliente não pensa assim. Principalmente o cliente que não o conhece ou quando cai de paraquedas no seu *ecommerce* deve pensar desta maneira.

Já que temos milhares de potenciais clientes achando que serão enganados o tempo todo, o que fazer então?

Partindo do princípio que você tem um bom produto em mãos, acima da média do mercado, que

Na cabeça do seu cliente o "futuro certamente provável" dele é "eu vou investir dinheiro, eu vou investir tempo e isso não vai dar resultado". E não pense que seu cliente não pensa assim. Principalmente o cliente que não o conhece ou quando cai de paraquedas no seu ecommerce deve pensar desta maneira.

92 → 93

entrega o que promete, que transforma e gera valor, como você vence a desconfiança do cliente?

Eu lhe garanto que é possível reparar totalmente essa situação. Para isso você pode usar uma tática que eu chamo de "inversor de risco". A primeira vez que eu a ouvi foi de Jay Abraham, um dos magos do marketing norte-americano. Ele criou uma técnica de inversão de riscos, já que sabemos que qualquer investimento tem um risco.

Quando você está vendendo um produto para qualquer pessoa existe um risco. Aquele cliente em potencial sempre vai considerar que aquilo que você promete não vai funcionar. E na maioria das vezes o risco está todinho nos ombros do cliente. Certo?

Não, você pode inverter a equação. O Jay Abraham criou uma tática de tirar os riscos dos ombros do cliente e colocar nos ombros de quem vende. E como ele faz isso? Oferecendo garantias muito sólidas de que aquilo vai funcionar.

Isso é um tema que eu poderia discorrer por páginas e páginas: a arte da garantia. Mas vou explicar sinteticamente aqui um tipo de garantia que você pode oferecer: A garantia incondicional. É aquela garantia oferecida pelo período de 30 dias. Se por qualquer motivo o cliente não gostar do produto, ele pode devolver, sem precisar explicar a razão de sua recusa. E então você devolve o dinheiro para ele. Simples assim.

Algumas pessoas aparentemente se arriscam muito quando oferecem esse tipo de garantia, mas o resultado em geral é compensador. Conheço muitos empreendedores iniciantes que forneceram essa garantia e tiveram saltos em performance. Elas passaram não apenas a fazer mais vendas como também a ganhar mais confiança tanto nelas mesmas como no produto que ofereciam.

Quando você oferece uma garantia forte, você torna a entregabilidade e a qualidade do seu produto inquestionáveis. E tudo muda a partir disso. Você, seus funcionários, sua empresa. Porque todos sabem o risco envolvido naquela transação. Seu comprometimento com a qualidade é maior. Entregar um produto "meia-boca" não é mais uma opção.

Primeiro, temos a garantia incondicional. É aquela garantia oferecida pelo período de 30 dias. Se por qualquer motivo o cliente não gostar do produto ele pode devolver, sem precisar explicar a razão de sua recusa. E então você devolve o dinheiro para ele. Simples assim.

VOCÊ QUER SER CONHECIDO PELO DESCONTO OU PELO RESULTADO DE SEU PRODUTO?

sacadas de empreendedor
erico rocha

Você é daqueles empreendedores que dá desconto para não perder cliente?

Saiba que talvez essa não seja a estratégia mais inteligente de fazer negócios. E vou lhe dizer o porquê. Eu me dei conta disso quando estava num evento de marketing digital. Como eu era um dos conferencistas, fui abordado por um cliente que me deu um *feedback* importante relacionado ao que eu já havia dito.

O nome dele era Leandro. E por minha causa o Leandro era um cara que não dava desconto. A abordagem foi curiosa. Ele chegou, enquanto eu tomava um café, e disse assim, com a naturalidade de um "bom dia":

"Queria lhe agradecer porque desde que fiz seu curso eu não dou mais desconto," uma abordagem inesperada. Fiquei interessado no que ele tinha a dizer.

Eu perguntei, curioso e intrigado: *"como assim?"*

Ele explicou calmamente que tinha uma agência de marketing digital em Brasília e relatou que algumas semanas antes tinha visitado um consultório dentário a fim de oferecer seus serviços para um profissional que fazia implantes dentários. Ele mandou o orçamento logo depois, e, quando menos esperava, o dentista ligou para pedir um desconto.

Quero que você pare a leitura agora e me responda mentalmente: O que você faria nessa situação em especial? Muita gente daria desconto para fechar o negócio, por medo de perder um cliente em potencial. Mas o Leandro foi taxativo na resposta: *"Eu não dou desconto. Nenhum centavo".*

O dentista insistiu com um argumento aparentemente convincente:

"Olha, se você me der um desconto, eu vou contratar seus serviços, se for bom, vou falar com outros profissionais da área e você vai ganhar muito mais dinheiro com isso."

A resposta imediata do Leandro, na ponta da língua, mudou o rumo da negociação:

"Eu não quero ficar conhecido como o sujeito que dá desconto. Eu quero ser reconhecido nesse mercado como o cara que dá resultados. E quando você vir os resultados do meu trabalho, você vai naturalmente me indicar para os seus colegas. Na verdade, vai me indicar para todo mundo, menos para os seus concorrentes. E se você quiser uma agência que lhe dê descontos, entre no Google e digite "agência digital". Haverá várias delas que irão lhe oferecer descontos. Se você quiser uma agência que dê resultados será um prazer."

É claro que para falar isso é preciso coragem e confiança em seu produto ou serviço, porque existe o risco de o cliente em potencial simplesmente seguir aquele conselho, entrar no Google e buscar outro fornecedor qualquer.

Mas o Leandro estava convicto de que seu trabalho era bom e que não precisava de desconto para atrair mais clientes. Essa convicção, combinada com uma certa dose de atitude, foi decisiva. E funcionou, porque alguns dias depois o dentista ligou para o Leandro e fechou o contrato.

Quando eu ouço uma história como essa, percebo que na maioria das vezes as pessoas não estão atrás do desconto. Elas estão atrás de alguém que forneça um produto que resolva seus problemas e dê resultados.

Agora quero lhe dizer algo que talvez você nunca tenha ouvido em sua vida:

Se você se torna aquela pessoa que dá resultado e gera valor para seus clientes, as pessoas sempre vão pagar seu valor, de modo que nunca mais precisará dar desconto.

Quer outro um bom exemplo que corrobora a afirmação acima?

Basta olhar para o produto de talvez maior sucesso neste milênio: o iPhone. O fato é que eu nunca vi ninguém pedir desconto quando vai comprar este aparelho que revolucionou nossas vidas. Na verdade, acontece em geral o contrário: na maioria das vezes os compradores enfrentam uma fila gigantesca. Todos sabem que é um produto de qualidade e que trará o resultado esperado.

Em síntese, antes de mandar um orçamento para um cliente em potencial, você tem duas opções de se posicionar em seu mercado. A sua resposta irá indicar o caminho que você vai trilhar. Ou você se estabelece para ser o cara que dá resultado em seu mercado ou se posiciona para dar desconto para sobreviver.

Mas tenha em mente que a escolha correta implica a responsabilidade inescapável de fornecer um produto impecável para justificar o fato de você não dar desconto. Se você entrega um produto falho, você precisa precificá-lo como uma coisa meia-boca. Se você tem um produto que representa o estado da arte, você terá que precificá-lo como o estado da arte.

Um bom produto é o primeiro passo, mas não é o suficiente. Você tem que ter um marketing eficiente. Se você tiver um bom produto e um marketing de baixo nível – um produto 100% e um marketing nível 20% –, vai ter que operar com desconto. Se você tiver um produto com marketing 100% e um produto 20%, a equação talvez não seja possível.

Se você tiver um produto 100% e um marketing 100%, aí sim, você nunca mais vai precisar dar desconto. O meu conselho é que você atinja o nível de excelência em ambas as coisas, transforme-se em um *expert* tanto no marketing quanto no produto a ser vendido.

Eu me posicionei no mercado como um cara que não dá desconto. Tomei uma decisão estratégica de ser aquele que entrega resultados. E eu não sou o cara mais barato do mercado. Na verdade é bem possível que talvez eu até seja o mais caro ou ainda que esteja no topo do mercado. Mas por que as pessoas compram de mim?

Porque eu entrego resultados que deixam meus clientes satisfeitos. E para dar esses resultados, eu preciso constantemente me renovar, me aperfeiçoar. Esses são questionamentos que eu faço a mim mesmo todos os dias: Como melhorar? Como criar o estado da arte estrategicamente nesse jogo? Essas perguntas

Se você se torna aquela pessoa que dá resultado e gera valor para seus clientes, as pessoas sempre vão lhe pagar, de modo que você nunca mais irá precisa dar desconto.

são as que você deve se fazer com frequência. Graças a meu permanente estado de alerta diante dessas perguntas, eu nunca mais tive que dar desconto na minha atividade de empreendedor.

Você vai perceber que é muito bom ser reconhecido pelo resultado que você entrega. Agora eu lhe pergunto: Como você quer ser reconhecido no seu mercado? Como o cara que dá desconto ou como o cara que dá resultado? A escolha é sua. Disso depende o futuro da sua atividade empreendedora.

16

ENTREGUE MAIS DO QUE VOCÊ PROMETE

sacadas de empreendedor
erico rocha

Todos nós já tivemos chefes que nos tornaram profissionais melhores do que éramos. Comigo não foi diferente. Sempre fui um cara que gostou de trabalhar. Dava o meu melhor e entregava aquilo que era pedido. Mas, em 2002, quando trabalhava na Alemanha, eu convivi diariamente com um sujeito que mudou minha maneira de encarar as coisas.

Era o Alencar, o meu chefe à época. Na verdade, o nome dele não era exatamente esse, mas era assim que eu e os outros brasileiros prestadores de serviço do banco o chamavam. Por sua postura, que na época eu odiava, ele acabou se tornando meu principal mentor. Ele me ensinou uma filosofia de vida, e eu era jovem o bastante para que suas orientações entrassem em minha mente e trouxessem resultados ao longo de toda a minha vida profissional.

Em resumo, o Alencar me apresentou o conceito de *overdelivering*, que significa entregar mais do que esperam de você. Na prática, isso significava ir muito além daquilo que era esperado que você fizesse. Para o Alencar, entregar o que se esperava não era o suficiente. Minha performance era suficiente para os banqueiros que eu visitava, mas não para o Alencar.

Foi assim, que, dia após dia, fui aprendendo na prática o conceito de *overdelivering*, mesmo sem entender ao certo que era um conceito, já que a meu ver o Alencar parecia ser tão-somente um carrasco que sugava até a última gota de sangue dos funcionários.

Para trabalhar dia a dia ao lado daquele homem que, por pior que ele aparentemente pudesse ser, era excepcional, entregar o que se esperava não era uma opção. Ou seja: se eu prometesse X e entregasse X era se portar como alguém ordinário dentro do mercado. E, para ele, ser ordinário era uma grave ofensa. E tudo que ele queria era que saíssemos do lugar-comum, daquilo que a maioria se contenta em fazer. Ele queria algo extraordinário.

E o que significa ser extraordinário?

O *overdelivering* transcende o que as pessoas esperam, pois é algo surpreendente que pode encantar seu cliente para sempre.

Mesmo eu, que sobrevivi ao Alencar, demorei para entender isso. Mas quando incorporei esse hábito, ele se tornou uma das minhas marcas registradas, da qual eu me orgulho e sempre tento transmitir ao meu público. É claro que não com a mesma intensidade daquele meu implacável chefe alemão, mas aplicando o mesmo conceito.

Não ache que foi fácil absorver esse conceito. Eu e o Alencar tivemos muitas brigas por causa disso. Acredite ou não, quando deixei a empresa, eu simplesmente não podia vê-lo pela frente, pois naquela época tinha um ódio declarado por ele. Olhando agora com algum distanciamento, um dos motivos pelos quais eu talvez tenha me demitido tenha sido justamente aquela ultra-exigência que fazia com que eu extraísse o máximo de mim. Ele conseguia vislumbrar minhas potencialidades muito além do que eu mesmo era capaz de ver. No fundo, ele sabia que eu podia entregar mais, apenas fazia que eu me esforçasse para ter a melhor performance.

E, assim, depois de virar as costas para ele, e me ver livre daquelas amarras que eu acreditava à época terem ferido meu ego, fui trabalhar em Londres, num outro banco de investimentos, também como prestador de serviço. Eu ainda não havia chegado aos 30 anos, mas tinha percebido que provia um valor para aquele banco na mesma intensidade de muitos funcionários que possuíam muito mais experiência de mercado do que eu. No começo, achei curioso que aquilo estivesse acontecendo. Só que, aos poucos, pude perceber claramente que, mesmo sem a pressão externa do Alencar, havia dentro de mim uma intensa provocação que me fazia entregar serviços acima da média dos outros profissionais. Tinha se transformado em força do hábito. Sem que houvesse percebido, o conceito de *overdelivering* já estava incorporado ao meu DNA genético.

Então aconteceu algo mágico. Lá estava eu, no mesmo patamar dos meus colegas de trabalho de 40 e 50 anos, cobrando quase o dobro do valor pelos meus serviços. E meus chefes estavam dispostos a pagar porque simplesmente sabiam que eu entregava resultados acima do que eles esperavam.

Hoje eu diria que o *overdelivering* funciona como um músculo, que você precisa exercitar. E essa é uma técnica a ser praticada em sua vida caso queira aumentar seus resultados e melhorar sua performance. O fato é que eu aplico diariamente em meus negócios o conceito aprendido com o Alencar.

No último Fórmula de Lançamento, eu mandei um livro para cada uma das mais de 2000 pessoas que participaram do evento. Foi um esforço imenso de cada um dos meus colaboradores. Não havia estoque dessa quantidade de livros disponível no mercado, portanto, reuni-los e fazer com que chegassem até as pessoas AO MESMO TEMPO, era um desafio maior ainda. Porque as pessoas moram em diferentes lugares, e devido à distância da residência de cada um dos participantes, tínhamos de enviar alguns livros antes que outros para que as pessoas tivessem essa experiência na mesma hora. Nossa meta era que todos recebessem o livro de modo simultâneo.

Isso sem falar no esforço de adquirir e manusear 2000 envelopes, buscar os livros, colocá-los manualmente nos envelopes e escrever uma carta para cada um dos participantes. Tudo isso foi realizado com uma equipe enxuta, o que sem dúvida foi um feito extraordinário.

Quando praticamos o extraordinário com nossos clientes, mostramos a eles o quanto nos importamos com eles e causamos nas pessoas a sensação de que são realmente especiais.

Por isso eu aconselho você a praticar *overdelivering* nos seus negócios. Pense em alguma coisa que você possa fazer para os seus clientes de forma diferente, inusitada, original. Imagine o que o seu cliente espera

> Por isso eu aconselho você a praticar *overdelivering* nos seus negócios. Pense em alguma coisa que você possa fazer para os seus clientes de forma diferente, inusitada, original. Imagine o que o seu cliente espera de você e surpreenda-o com algo que ele simplesmente não espera!

de você e surpreenda-o com algo que ele simplesmente não espera!

Toda vez que compartilho informação com os meus clientes, procuro fazer isso entregando junto algo inovador. Sei que cada empreendedor que se inspira na minha trajetória quer mais do que simples conhecimento. Ele quer algo mais.

Se você achar difícil entender esta sacada do *overdelivering*, que pode ser um diferencial decisivo na entrega do seu produto, coloque-se no lugar de seu cliente. O que você esperaria de especial? O que faria seus olhos brilharem ou daria aquela sensação que temos quando somos crianças e, subitamente, um mágico surge na festa e tira um presente da cartola.

Provoque essa mágica, e você nunca será esquecido.

VOCÊ É A MÉDIA
DAS PESSOAS
COM AS QUAIS TEM
MAIS CONTATO

Agora gostaria de propor um desafio. Pense nas cinco pessoas com as quais você mais convive e me responda: o que vocês têm em comum?

Se não conseguir responder nesse primeiro instante, guarde esta pergunta para daqui a pouco. Depois, você vai entender o porquê e saberá o quanto é importante entrar nesse mérito quando se decide ser empreendedor.

Eu ainda era bastante jovem quando saí do Brasil e fui trabalhar na Alemanha. Para mim aquele país era fascinante, pois eu ficava me perguntando como uma nação que foi completamente destruída em duas guerras conseguiu se reerguer e se tornar a maior economia da Europa e um dos maiores exportadores do Velho Mundo.

Como eu sabia falar inglês desde pequeno, não tive medo quando consegui um estágio naquele país e embarquei rumo a uma das maiores aventuras da minha vida. Viveria num país estranho, sem conhecer absolutamente ninguém, a não ser minha namorada. Sabia que seria um estrangeiro, mas ao mesmo tempo era excitante realizar um sonho, e isso me enchia de energia e coragem.

Só que o maior desafio era falar alemão, já que não é propriamente uma língua de fácil aprendizado, extremamente complicada de entender e assimilar. Consciente disso, percebi que quanto mais eu me socializasse com as pessoas que falavam aquele idioma, maior seria a minha probabilidade de aprendê-lo.

Então, em meu primeiro ano lá, procurei conviver só com alemães. Mesmo que eles tivessem um humor diferente, hábitos absolutamente diversos dos nossos, eu sabia que só através da interação com eles eu conseguiria atravessar a barreira da língua. E eu estava obcecado por aprender alemão.

Pode parecer difícil de acreditar, mas bastaram apenas nove meses para que eu aprendesse o idioma e passasse a utilizá-lo em meu ambiente de trabalho. Essa rápida conquista de falar alemão evidentemente abriu algumas portas para aquele jovem brasileiro que eu era. Então, fui trabalhar no banco, onde eu já pensava praticamente em alemão, tamanha foi a facilidade que tive em incorporar o idioma no meu raciocínio.

Uma das casas nas quais morei em Berlim ficava em Neukölln, um bairro que na época era totalmente dominado por turcos. Berlim tinha a segunda maior população turca em uma cidade, depois de Instambul. Isso porque, na década de 1960, a Alemanha precisou de muita mão de obra, e liberou a imigração de turcos, que acabaram por se concentrar na área em que eu morava. Era uma pequena Turquia dentro de Berlim. Ali existiam quatro gerações de turcos, inclusive aqueles que talvez nunca tivesssem ido à Turquia, que nasceram ali. Era engraçado andar pelas ruas e ouvir todo mundo falar turco, ao invés de alemão. Se eu tentasse falar alemão com eles, respondiam com o maior sotaque carregado de turco, "konkrete krass". Eu me perguntava como aquilo era possível. Se eu, depois de nove meses morando na Alemanha, havia adotado o idioma, como eles que nasceram lá não falavam alemão como um nativo? Depois de muito refletir, concluí que havia me tornado a média das pessoas com as quais tinha mais contato. Essa sacada me levou para um outro nível.

Se estiver na Inglaterra e não andar com pessoas que falam inglês, você não vai falar inglês. Você pode morar na Alemanha, mas se estiver somente no meio de turcos, vai falar somente turco. Mas se quiser morar na Alemanha e falar alemão, precisará andar com as pessoas que falam alemão para treinar o idioma e adquirir alguma fluência pela convivência com eles.

Você também pode fazer outros testes cotidianos e banais para confirmar essa sacada. Observe as pessoas com as quais você convive, olhe o prato dessas pessoas no almoço e concluirá que vocês comem as mesmas coisas.

Outra coisa que percebi em minhas viagens pelo exterior: os cortes de cabelo. Você penteia e corta o cabelo mais ou menos como as dez pessoas que estão em seu entorno. E você também tem uma renda mensal cerca de 10% a 20% a mais ou menos parecida com a média dessas dez pessoas de seu convívio diário.

Segundo um pesquisador grego, que fez uma palestra no TED, se "seu melhor amigo ou esposa ganharem peso, a chance de você aumentar também seu peso eleva-se em 57%". É claro que eu me lembro quando minha mulher ficou grávida, e seu peso aumentou obviamente, mas adivinhe quem engordou ao mesmo tempo? Eu. E nem vi isso acontecer.

Se você quiser ser realmente bom no que faz, seja marketing digital, estratégia de negócios ou o que quer que seja, é essencial que você comece a se rodear de pessoas de sucesso na área desejada. Estar cercado de pessoas que têm sucesso faz com que você aprenda por osmose. E esta é uma maneira bem inteligente de queimar etapas e preencher em curto espaço de tempo as lacunas de conhecimento que vão ficando ao longo da vida.

Você tem um emprego e quer ser um empreendedor. Como consegui-lo, se o seu círculo de amigos é formado por pessoas do seu antigo "eu" e não do novo "eu" que você quer se tornar? Não estou propondo para você romper com amigos ou familiares, não é disso que se trata. Mas o fato é o seguinte: ou você transforma as pessoas ao seu redor, ou elas lhe transformam.

Esta é uma das razões de eu ter trazido meus irmãos para o mundo do empreendedorismo. Quando fiz esse deliberado esforço, eu sabia que, se eles se tornassem empresários de sucesso, as chances de eu também me tornar um empresário de sucesso seriam significativamente maiores.

A grande sacada é que você se desenvolve muito mais rápido convivendo com outras pessoas que possuem os resultados que você aspira. Ninguém aprende alemão convivendo com turcos.

Qual é a língua que você tem falado para se tornar um empreendedor?

Se você quiser ser realmente bom no que faz, seja marketing digital, estratégia de negócios ou o que quer que seja, é essencial que você comece a se rodear de pessoas de sucesso na área desejada. Estar cercado de pessoas que têm sucesso faz com que você aprenda por osmose.

INVISTA EM
DERROTAS

sacadas de empreendedor
erico rocha

Investir em derrotas foi uma das coisas mais contrárias ao senso comum que me fez crescer tão rápido quanto eu cresci até o momento. E não faço essa afirmação em sentido figurado, é literal mesmo. Eu realmente invisto em ser derrotado, e isso não aconteceu do dia para a noite.

Por que não aconteceu?

Há algum tempo um de meus mentores me deu um livro que se chama *The art of learning*, de Josh Waitzkin. Quando comecei a ler simplesmente devorei o primeiro capítulo. Sabe aquela sensação de que aquilo faz tanto sentido que você não consegue mais dormir sem saber como vai acabar? Foi o que aconteceu comigo durante a leitura.

O livro conta a história de um mestre de xadrez que tinha chegado a um nível master e depois começou a empregar as suas técnicas de aprendizado de xadrez nas artes marciais. Nesse caso foi na Push Hands, que é uma arte marcial vinculada ao tai chi chuan.

Uma das coisas mais importantes que ele conta neste livro é sobre como investir em derrotas. É uma ideia que incorporei na minha vida, passei a praticar e pratico nesse exato momento em que escrevo meu livro.

Josh Waitzkin descreve em seu livro que desde pequeno não era um menino acomodado em sua zona de conforto. Enquanto outras crianças insistiam em permanecer no patamar onde estavam confortáveis, ele sempre pedia para passar para o próximo nível. As outras crianças estavam viciadas na vitória porque ficaram habituadas ao sucesso. Não queriam mais jogar com pessoas que sabiam mais do que elas. Elas estavam em um certo patamar e sabiam que o risco era grande demais se enfrentassem alguém melhor do que elas. E imaginavam que não valia a pena correr aquele risco, porque se elas perdessem a sensação de vitória, aquela aura mágica que acompanha os vencedores, iria desaparecer.

Assim os jogos no colégio acabavam sendo organizados de maneira que cada criança jogasse contra outra que estivesse no mesmo nível. Desse modo, elas estavam sempre vencendo. E isso fazia bem para a autoestima delas, e aquela sensação de vitória ia se intensificando à medida que elas ganhavam cada jogo.

Só que o Josh não se sentia nada bem com aquilo, pois ele era diferente dos outros. Tão logo ele se tornava campeão de uma categoria, ele imediatamente pedia para ir para a categoria acima onde sabia que não haveria absolutamente nenhuma chance de vitória imediata. Seus concorrentes estavam bem mais preparados, jogavam havia mais tempo que ele e conheciam estratégias que ele ignorava. Ainda assim ele optava por essas derrotas.

Ele investia em derrotas.

No tae kwon do ele fazia o mesmo. Quando se sentia fisicamente preparado para um desafio, mudava de peso. Por mais que fosse supercampeão de certa categoria, pedia para subir para a próxima categoria. E o que acontecia a partir de então é que ele apanhava feito um maluco na outra posição. Não que ele gostasse de apanhar, mas fazia algum sentido estar num outro patamar.

Percebi que ele era uma espécie de caracol que ia crescendo, crescendo até que, para crescer mais, precisava abandonar o casco antigo e procurar um novo casco. Só que aí, enquanto você não encontra o novo casco, o que acontece? Você fica desprotegido. Mas se ele não procurasse outra casa, ficaria daquele tamanho para sempre. Saber dessa trajetória fez com que eu me transformasse.

Em algumas áreas da minha vida sei que estou no estado da arte, pois alcancei um nível de excelência que me permite transitar com segurança. Já bati recordes brasileiros e me senti um verdadeiro vitorioso. É bom deitar a cabeça no travesseiro ao final de um dia e saber que fez uma coisa bem-feita, atingida com muito trabalho, mas que dá um orgulho danado e vontade de compartilhar com os outros.

Trabalhar com marketing digital traz a possibilidade de explorar várias disciplinas. E eu sou, por natureza, um cara que gosta de dominar uma disciplina antes de ir para outra. Eu sempre fui um cara empenhado em duas coisas: tráfego e conversão. Ou melhor dizendo, tráfego pago e conversão. Eu sei fazer anúncios e monetizá-los; muitos dos meus negócios foram feitos dessa maneira.

Ao reconhecer que tenho domínio absoluto de uma atividade, sempre busco me aprimorar em outras áreas. Quando gravo vídeos e faço promoção de conteúdo, entro numa área que era absolutamente desconhecida para mim. E isso me tira do estado de conforto e me coloca numa posição em que eu nunca estive antes. Porque quando você é criticado por algo que sabe fazer bem, sabe onde errou – mas quando faz algo pela primeira vez, jamais vai esquecer a primeira pedrada. Hoje, ao gravar sacadas diariamente, crio relacionamentos de uma maneira que não havia experimentado antes.

Para crescer em direção a outros patamares, você precisa investir em derrotas, em algo que o desafie, que você não tenha total domínio logo de início. Ninguém que ganha regularmente gosta de investir em derrota. Todos nós temos a tendência natural de achar que somos imbatíveis quando estamos em nosso trono de posição privilegiada.

Mas você já parou para pensar que, sentado nesse trono, você pode estar bloqueando seu próprio crescimento? E talvez você possa estar enganado se acha que vai atingir seu potencial pleno sempre ganhando. As pessoas que eu descubro terem atingido esse potencial dizem-me exatamente o contrário, principalmente os atletas. Eles investem constantemente em derrotas para desafiarem a si mesmos e encontrarem o que precisam fazer para melhorar.

Portanto, a sua próxima derrota não é necessariamente uma coisa ruim. Mas se você

Mas você já parou para pensar que, sentado nesse trono, você pode estar bloqueando seu próprio crescimento?

estrategicamente entende o conceito de investimento em derrotas, pode entender aquela derrota como um sucesso quando mira um escopo mais difícil de ser atingido.

Meu desafio é que você saia da sua zona de conforto e enfrente a possibilidade de ingressar num novo campo que não domine, onde possa correr alguns riscos. Mas esses riscos, embora calculados, podem levá-lo a aprendizados que você não teria se continuasse fazendo o que está fazendo agora, competindo com as mesmas pessoas. Tanto o seu futuro quanto o da sua empresa podem depender disso. Invista em derrotas, sem medo. Porque elas podem ser a chave que vai levá-lo ao crescimento.

A ARTE DE
NÃO COMPETIR

sacadas de empreendedor
erico rocha

Eu gostaria que você criasse um final para esta frase:

"Concorrente bom é concorrente_____."

Há algum tempo atrás eu diria que competidor bom é competidor morto. Você pode discordar ou concordar com isso.

Até que um dia, acreditando que estava em alta performance no segmento de imóveis, eu me vi diante de um dos meus mentores e perguntei: *"Como vou crescer?"*

Ele foi enfático na resposta. Olhou no fundo dos meus olhos e disse: *"Está na hora de você atrair parceiros".* Aquela conversa fazia todo o sentido, mas eu nem imaginava o que estava por vir.

"Mas onde vou encontrar os melhores parceiros?", foi a primeira pergunta que me veio à mente. Atrair parceiros é algo que todo empreendedor sempre quer. Fazer parcerias era parte do meu negócio.

Foi quando ele falou, lenta e pausadamente, como se fosse para eu assimilar e jamais esquecer aquela informação:

"Seus potenciais parceiros são os caras que você acha que são seus maiores concorrentes."

Fiquei inquieto com aquela fala. Não conseguia entender aquela lógica, pois ela parecia absurda demais para ser assimilada. Cheguei a cogitar o fato de que não tinha ouvido aquilo direito. Mas era isso que ele tinha dito. E eu precisava lidar com aquela provocação.

Muitas vezes, agimos como se o mercado fosse uma pizza e tivéssemos uma fatia dessa pizza, buscando protegê-la de uma maneira única, como se qualquer ameaça pudesse roubá-la de nós.

Me perguntava como seria possível criar parcerias com meus concorrentes. Isso não era intuitivo para mim. Na verdade, eu não conseguia ver nenhuma lógica naquela afirmação. Foi então que esse mentor me deu uma série de conselhos e minha cabeça quase deu pane. Voltei para o Brasil e fiz uma coisa inacreditável, que jamais faria se não tivesse tido aquela conversa.

Peguei o telefone e liguei para o meu principal concorrente na época. Logo que ele atendeu e eu disse meu nome, senti uma eletricidade no ar. Aquilo não era comum nem familiar para ele também.

Já imaginou ligar para o seu maior concorrente? Qual seria a reação dele? Pois é, a dele não foi assim tão natural, pois ficou claramente apreensivo.

Sem perder a coragem falei de um fôlego só: "*Se você quiser ir rápido vá sozinho, se quer ir longe vá acompanhado*". Emendei que estava interessado numa parceria e perguntei se poderíamos nos encontrar. Embora tivesse achado interessante, parecia ressabiado.

O que aconteceu em seguida foi inédito, peculiar e inimaginável – eu e meu irmão pegamos um voo até São Paulo e fomos encontrar com meu concorrente pessoalmente. E então abrimos uma grande oportunidade a partir daquele momento.

Foi naquela reunião que descobrimos que, apesar de competirmos diretamente na linha de produtos, tínhamos habilidades únicas diferentes e complementares. Ele tinha habilidade em leilões judiciais e nós em marketing, inteligência e recolhimento de informações de onde aconteciam os leilões. Em compensação, ele teria que investir muito para chegar no nosso nível de informação. Decidimos unir forças e construir uma grande parceria.

Entretanto, quando você faz parceria com um antigo concorrente, faz-se necessário um grande desprendimento. Confesso que não era muito fácil lidar com aquilo, porque eu tive de transmitir muitos conhecimentos de marketing para ele. Fiz lançamentos com ele. E isso gerava medo. Aquela era uma atitude arriscada. Geralmente quando a gente tem uma *expertise* acha que tem que guardar aquilo, como se o fato de o concorrente ter aquela informação fosse nos prejudicar.

Se você começar a entender que competição é uma coisa diferente de briga de vida ou morte e partir para fazer parcerias com seus concorrentes, uma nova e promissora possibilidade se abre.

Por exemplo, você pode perceber isso ao pisar em qualquer *shopping center*. Pense bem: se você tem ou vai montar uma franquia, qual é um dos lugares mais caros para você montá-la? Sim, isso mesmo, em um *shopping center.*

Se for uma franquia de alimentação, será na praça de alimentação de um *shopping center*. Teoricamente, o lugar onde existe a maior concorrência possível por metro quadrado. E todos coexistem naquele espaço. Mas como isso pode acontecer?

O *shopping center* é um grande exemplo de concorrentes que se unem. Eles não necessariamente vendem a mesma coisa. Eles se organizam o suficiente para que tudo seja complementar. E quando eles se alinham e se unem, criam um ecossistema onde comprar é legal e seguro.

Pessoas saem de casa, andam quilômetros de carro para estar naquele *shopping center,* e todos ganham.

Mas o que a maioria das pessoas prefere? Falar mal do concorrente. E, quando isso acontece, todo mundo perde.

Concorrente bom é concorrente parceiro. E quando os concorrentes se unem, todos trabalham para ampliar o seu mercado.

E o seu mercado?

Você pode dizer que seu mercado é muito difícil porque há anos as pessoas competem.

O fato é que você pode criar esse ecossistema de parcerias no seu mercado, qualquer que seja ele. Seja mercado de *coach*, produto físico, dentista ou médico. É possível criar isso, mas não é fácil. Provavelmente você não vai conseguir criar na primeira vez que tentar. Mas eu posso lhe garantir com convicção: se entrar no mercado com a missão de uni-lo, há grandes chances de conseguir isso mais cedo ou mais tarde.

Agora quero que você escreva uma coisa. Pegue um papel e caneta escreva o nome dos seus três principais concorrentes. Escreva também as três habilidades únicas deles. Em que eles são melhores

Concorrente bom é concorrente parceiro. E quando os concorrentes se unem, todos trabalham para ampliar o seu mercado.

que você? Qual a habilidade única que cada um deles possui? Escreva ao lado uma habilidade única que você é melhor do que cada um deles. Uma habilidade que talvez nenhum deles tenha desenvolvido ainda. Pois bem, aqui temos então o primeiro ponto para se criar a possibilidade de parceria.

CRIE UM HÁBITO
QUE POSSA
LEVÁ-LO AONDE VOCÊ
QUER CHEGAR

20

sacadas de empreendedor
erico rocha

Ao contrário do que a maioria das pessoas pensa, o que faz uma grande diferença nas nossas vidas não são os grandes passos e mudanças que alteram toda a direção das coisas. Na verdade, são as pequenas resoluções que podem gerar mudanças realmente radicais.

Há muito tempo um cara nos Estados Unidos que se chama Michael Maidens usou a versão norte-americana da Fórmula de Lançamento para lançar o filme *Hungry for Change*, cuja tradução é "Fome de mudança". Esse filme construiu uma lista de audiência de 200 mil pessoas e acabou sendo um fenômeno que gerou vendas de mais de um milhão de dólares em apenas trinta dias. Fiquei impressionado com a performance daquele produto, o que me motivou a assistir ao filme. Como bom apaixonado por marketing, analiso cada movimento de impacto dentro dessa área. E aquele lançamento era mais que genial nesse sentido, já que era a primeira vez que a Fórmula de Lançamento era usada no lançamento de um filme.

Ao assistir ao filme em um domingo à tarde, pude perceber como ele batia na tecla da saúde e mais especificamente na importância de sucos de vegetais e em como eles poderiam melhorar a vida de qualquer ser humano.

Mesmo sendo uma pessoa que jamais havia experimentado um suco verde, fiquei intrigado. Eu não tinha hábito de tomar sucos, muito menos de vegetais. Mas eu queria me iniciar naquela área. Com trinta e poucos anos, os maiores desafios podem ser aqueles que a gente menos imagina. Pensei: "Se eu começar com um hábito saudável hoje, o que vai acontecer daqui a 50 anos?". E aquele se tornou um bom motivo para começar. Principalmente porque eu passei a ficar mais atento à longevidade depois de me tornar pai.

Fiquei pensando naquela ideia e por fim lancei um desafio ao meu irmão. Tínhamos que, a partir daquele dia, tomar suco verde por 100 dias. Ele também não tinha o hábito de ingerir sucos, mas fizemos um trato: se falhássemos, teríamos que tomar banho frio. *Não era o nosso caso não ser fã de banhos*, mas um banho frio parecia uma punição razoável caso não ingeríssemos nossa quantidade diária de suco verde.

Dada a largada, passamos a incorporar aquele hábito na nossa turbulenta rotina. Era um suco atrás do outro, dia após dia. Foi difícil, mas depois de 100 dias tomando sucos verdes, tudo estava melhor na minha vida, meu corpo, minha vitalidade, minha pele, minha disposição.

O desafio se encerrou no prazo estipulado, mas o hábito ficou. Trezentos e sessenta e cinco dias se passaram desde então e eu não consegui mais ficar um *único* dia sem suco verde. Hoje posso dizer que não consigo viver sem ele, pois o hábito se tornou *tão regular que meu* corpo sente falta daquela dose diária. *Não deixa de ser curioso* como o ser humano se condiciona quando tem rituais e hábitos.

Tomar um suco verde se tornou um ritual tão indispensável para mim que, quando eu vou para algum hotel fazer o evento ao vivo do Fórmula de Lançamento, a única coisa que eu realmente preciso é uma centrífuga para fazer sucos. Minha única "exigência", se é que podemos chamar assim, é uma centrífuga. Eu viajo pelo mundo, passo três meses em cada cidade e, a única coisa que levo comigo, fora a mala, é a centrífuga.

E o que isso quer dizer? Que a cada dia podemos incorporar um novo hábito em nossas vidas. Somos criaturas de hábitos e rituais naturais. E esses rituais podem paralisá-lo ou levá-lo aonde você quer chegar.

O hábito de tomar sucos verdes, por exemplo, foi incorporado ao meu DNA. Mas não foi só o objetivo da saúde que me fez inserir uma nova rotina em minha vida. O hábito do suco é um exemplo na área da saúde, mas eu também tenho objetivos em diversas outras áreas, como família, negócios e também a responsabilidade junto à minha comunidade.

No meu ramo do meu negócios, incorporei o hábito de produzir um novo vídeo por dia. Porque acredito que esse hábito pode fazer a diferença daqui a alguns anos, assim como o suco verde vai fazer pela minha saúde. Tenho hábitos tanto em meus negócios quanto em meus projetos pessoais. Acredito firmemente que são esses pequenos passos na direção certa que podem fazer a diferença.

Seu dia começa mal se você acorda, olha *e-mails* e fica vendo coisas ruins logo cedo. Você já deve ter notado isso. Não há nada pior do que começar um dia sem energia ou derrubado por problemas que desabam tela abaixo sobre a sua cabeça.

Meu convite é que a partir deste momento você identifique os três objetivos principais na sua vida, em três áreas distintas: negócios, saúde e relacionamento. Qual hábito pode ser eficaz para mudar sua vida em cada uma dessas áreas? Qual hábito pode reverberar positivamente, trazendo mudanças efetivas na sua vida? Já parou para pensar que se você mudar apenas um milímetro na direção correta você pode alterar toda a rota no longo prazo?

Esses hábitos, quando repetidos diariamente, podem causar grandes transformações a longo prazo. Estabeleça um período inicial de trinta dias para ver o resultado. Todos nós podemos fazer algo por um mês. Caso você consiga incorporar esse hábito na sua rotina, você já ganha pontos na busca por seus objetivos.

A grande sacada é sonhar grande, mas começar pequeno. Esse pode ser o hábito que vai fazer a grande diferença pelo resto de sua vida.

21

QUEIME TODOS
OS SEUS
CARTÕES DE
VISITA

sacadas de empreendedor
erico rocha

Responda com sinceridade, sem floreios nem desculpas: ao longo de sua carreira, com quantas pessoas você já fez contato depois de guardar um cartão de visitas?

É muito provável que esses cartões de visita estejam empilhados em um canto escuro da gaveta ou enfiados num compartimento secreto da carteira ou ainda escondido no bolso do seu paletó sem nunca terem sido acessados. Agora diga-me qual a eficácia de manter esses cartões em uso?

Eu tive um *insight* sobre essa questão em junho de 2010, quando estava em um evento em San Diego. Logo que cheguei àquela cidade fui para o bar do hotel, que aliás é um dos lugares onde costuma acontecer, informalmente falando, as maiores conferências. Ao meu lado no balcão estava um empresário alemão, que me cumprimentou. Quando perguntei se ele era alemão, a conversa começou a fluir. Houve uma conexão imediata porque eu já tinha morado lá. Sabemos que, quando você está fora da sua cidade ou país e encontra alguém com algo em comum, é natural que as afinidades saltem ainda mais aos olhos; assim, naquele encontro a empatia foi maior do que se tivéssemos nos encontrado na Alemanha. Saímos dali pouco antes do início do evento. Então eu me dei conta de que, em uma situação normal, trocaríamos cartões. Como ambos não tínhamos cartões, gravamos os respectivos contatos nos telefones pessoais, ali mesmo no bar. E aquele contato ficou definitivamente marcado em nossas agendas.

A grande verdade é que tanto eu quanto a maioria das pessoas que conheço nunca ligou para alguém de quem tenha pegado o cartão. Você pode acreditar em mim: quando nos interessamos em ter uma conversa posterior com alguém, de pronto sacamos o celular e registramos o número da pessoa na hora. Não há troca de cartões.

Depois que me dei conta disso, o cartão de visitas simplesmente desapareceu da minha vida de empreendedor. Vou fazer uma proposta a você: se ainda tem esses cartões queime-os.

Já vi pessoas orgulhosas em dizer que haviam recolhido mais de 300 cartões ao fim de um evento. Tenho apenas uma pergunta para essas pessoas: quantas parcerias de sucesso você precisa fechar para seu negócio ganhar escala? Certamente uma ou duas. Apenas duas conexões que de fato aconteçam são melhores que 300 possibilidades que jamais serão concretizadas. Mais vale dois telefones na mão do que 300 cartões voando.

sacadas de empreendedor
erico rocha

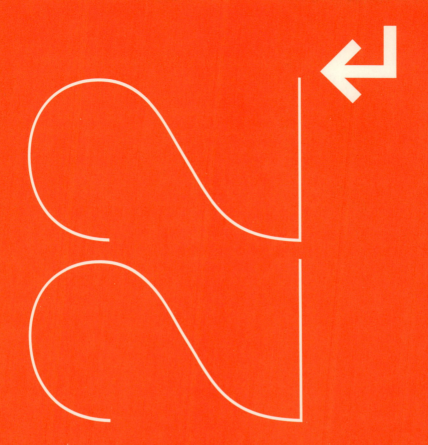

UP SELL: O MILAGRE DA MULTIPLICAÇÃO

sacadas de empreendedor
erico rocha

O dia a dia do empreendedor é um vendaval de desafios. As descobertas acabam sendo feitas à medida que cada passo é dado. E, no meio das tormentas, muitas vezes focamos nas urgências e perdemos grandes oportunidades de negócio. Uma das piores coisas que pode acontecer para um empreendedor é ele perceber que deixou dinheiro na mesa ou não aproveitou as oportunidades que podiam fazer o seu negócio decolar.

Alguns conceitos podem nos tornar mais alertas às oportunidades. Um deles em especial é capaz de aumentar seu faturamento de 40% a 80%: o *Upsell*.

A explicação desse conceito é embasada no princípio de Pareto. Esse princípio diz que 20% de uma determinada amostragem de clientes tende a gerar 80% dos resultados. Na prática, isso quer dizer que 20% dos seus clientes têm a capacidade de gerar aproximadamente 80% do seu faturamento. Assim como 20% dos seus vendedores geralmente geram 80% das vendas.

A pergunta-chave é: "Como podemos aplicar este princípio em nosso negócio?" O princípio de Pareto é válido tanto para seus clientes quanto para a precificação de seus produtos.

O que quero dizer com isso? O exemplo abaixo irá ilustrar bem como esse princípio pode ser aplicado em seu negócio.

Vamos supor que você venda 100 produtos. E vamos supor que cada cliente gaste 1 mil reais em média para comprar esses produtos. Então você vendeu 100 produtos com faturamento de 100 mil reais. De acordo com a regra de Pareto, 20% dessas pessoas têm a capacidade de pagar quatro vezes mais por seus produtos.

A verdade é que se você vende somente esse produto de mil reais e não tem uma opção de 4 mil reais para oferecer a seus clientes, você está literalmente perdendo dinheiro. Já que, nessa amostragem, 20 pessoas daquelas que compraram o produto por mil reais teriam a capacidade financeira de comprar um produto seu de 4 mil reais. Essa não é uma afirmação que indica que você deve cobrar mais caro pelo mesmo produto. Você deve desenvolver um produto mais caro que obrigatoriamente tenha um valor percebido maior.

O mais incrível desse conceito é que ele pode se expandir como em uma progressão geométrica. Se 20% das pessoas têm a capacidade de comprar um produto por 4 mil reais, 20% desses 20% têm a capacidade de compra 4 vezes maior do que o cliente anterior. Ou seja: 4 dessas pessoas podem pagar 16 mil reais em um único produto.

Quando comecei a venda de meus produtos eu não conseguia atinar para essa proporção. Eu oferecia uma linha de produtos que custava X, mas não oferecia mais produtos porque não conseguia imaginar que haveria um cliente que gastasse 16 mil reais comigo.

A técnica do *Upsell* possibilita que as pessoas compreendam essas oportunidades e as incorporem em seus negócios. É uma ferramenta de vendas em que você oferece uma segunda oportunidade de compra ou *upgrade* do produto para o seu cliente depois que ele adquiriu a primeira oferta. Isso porque a psicologia do consumidor age naquele momento de decidir se vai ou não gastar dinheiro. Antes de seu cliente comprar ele passa por uma grande batalha psicológica. Ele pensa se deve comprar, em quem confiar, se a garantia oferecida pelo vendedor é verdadeira. Quando ele finalmente compra, ele fica bem mais propenso a aceitar outras ofertas. Essa é a hora ideal de oferecer um *Upsell* com integridade.

A sequência desse conceito segue uma lógica importante que não deve ser descartada ou ignorada. É preciso vender alguma coisa que tenha valor agregado, e que também seja mais cara.

Um exemplo prático do dia a dia: quando a pessoa acaba de entrar em uma academia, ela faz o primeiro pagamento. Este é um bom momento para oferecer um serviço de *personal trainer*. É a hora de fazer aquela oferta, pois a pessoa está aberta a isso.

No entanto, o segredo é realmente acreditar nesse segundo produto e sinceramente entender que ele deve ter uma vantagem de valor percebido maior que o da primeira oferta. Desista de aplicar esse conceito caso você não tenha um segundo produto com esta característica.

Vejo pessoas cometendo erros básicos na aplicação do conceito, pois tentam fazer o *Upsell* antes de a pessoa terminar ou completar a transação. No exemplo que dei acima, seria algo como oferecer o *personal trainer* antes do cara pagar a matrícula da academia.

Se isso acontecer, a tentativa vai por água abaixo. O *timing* ideal para oferecer um *Upsell* ocorre após a primeira compra. O ato de comprar é o que gera uma descarga de adrenalina causando uma sensação que possibilita vislumbrar uma nova compra como uma grande vantagem.

Com essa técnica, acredito que você possa ter muito mais impacto no seu negócio.

O mais incrível desse conceito é que ele pode se expandir como em uma progressão geométrica.

A ARTE DE
GIRAR PRATOS

sacadas de empreendedor
erico rocha

Todos nós, seja eu, você ou seus amigos, já experimentamos aquele momento em que a vida parece uma grande bagunça. É aquele instante em que tanta coisa precisa ser feita que ninguém sabe ao certo o que fazer, o que leva muitas pessoas a fazer tudo ao mesmo tempo, ou então dar demasiada atenção a certos aspectos insignificantes, ignorando outros extremamente importantes.

Pois bem, lá estava eu no meio do turbilhão de uma crise. Eu já estava tendo sucesso em meu negócio, mas não conseguia atingir um equilíbrio ao desempenhar tantos papéis. E, nesse exato momento, conheci um grande mentor. Era um cara que eu admirava profundamente, que causava profundo impacto nas pessoas ao seu redor, que proporcionava uma qualidade de vida à sua família. E isso me fazia ter admiração por ele.

A pergunta que eu me fazia naquela época era: "Como ele consegue?"

Em uma das primeiras conversas que tivemos ele me disse: *"Erico, você tem um talento de gerar oportunidades. Você consegue enxergar as oportunidades e agarrá-las. Mas depois disso você as mantém em seus braços, correndo o risco de algumas caírem. Você precisa conhecer a teoria dos pratos".*

Na época eu prosperava com um negócio na área imobiliária que estava em ascensão, faturava cerca de 450 mil reais por ano. Por isso fiquei surpreso com a forma como ele enxergava minha vida.

"Sabe aqueles trapezistas que equilibram pratos no circo? O que está acontecendo com seu negócio é que você gira o primeiro prato, coloca outro prato para girar e esquece daquele primeiro prato. E então ele cai. Enquanto você está girando esse outro prato, aquele outro prato cai."

A grande arte do empreendedor é conseguir fazer o primeiro prato girar, ir para outros pratos sem deixar aquele prato inicial cair tanto em seus negócios quanto na sua vida pessoal. O fato é que em qualquer esfera da

A grande arte do empreendedor é conseguir fazer o primeiro prato girar, ir para outros pratos sem deixar aquele prato inicial cair tanto em seus negócios quanto na sua vida pessoal.

vida as coisas não giram para sempre. Elas têm aquela força propulsora, mas sempre será preciso ter pessoas que estejam olhando e agindo naquele processo para continuar a girar. E isso mudou meu jeito de fazer negócio.

Talvez você me pergunte: *"Erico como faço para girar vários pratos?"* Há diversas formas de fazer isso. Eu particularmente costumo fazer isso por meio de um eficiente método que desenvolvi para meus negócios.

A primeira coisa a se fazer é ter uma intenção, um propósito. Você precisa querer fazer esses pratos girarem com uma intenção de realmente fazer esses projetos acontecerem. Fazer girar cada prato com a intenção de que ele continue girando é primordial, conseguir girá-los com a consciência que não adianta nada girar um prato novo se o preço é deixar cair qualquer outro prato.

A segunda coisa que faço é escolher os pratos. Eu escolho cada um dos pratos que eu vou girar, e olha que tenho diversos pratos. Tenho o prato da família, o da saúde, o dos amigos, dos negócios, entre outros. Escolher o prato que você quer girar coloca você em um grau de atenção que lhe permite manter cada um deles girando no dia a dia.

Por fim, tenha uma equipe composta de pessoas altamente competentes de modo que você possa delegar funções e que elas possam te ajudar em todo o processo. Eu busco trabalhar com profissionais criativos, competentes e apaixonados pelo que fazem e vou delegar atividades para pessoas que sei que vão cuidar com muito empenho e cuidado de cada um dos pratos que passei a eles. Mas há um detalhe importante que deve ser enfatizado para você que é empreendedor: você pode delegar funções, mas nunca a responsabilidade do prato.

Na época em que tive as conversas com o admirado mentor, eu estava em fase de reconstrução do meu *site*. E, paralelamente, muitas coisas novas pipocavam aqui e ali. Naquele momento eu também estava na fase de construir a lista de *e-mails*. E, para um cara como eu, que prega a importância da construção da lista, correr o risco de não fazê-la bem feito não era uma opção.

Só que eu precisava girar outro prato: dar valor para a comunidade que eu tinha construído. E até que isso criasse consistência, precisei bater nessa tecla insistentemente.

Para um observador externo podia parecer que eu não estava nem criando listas nem vendendo. Mas a estratégia por trás dos meus movimentos é que faria com que todo o resto pudesse se sustentar. Para que isso gerasse resultados efetivos dentro da minha empresa, eu deveria criar uma série de processos na minha vida, nas minhas próprias empresas e nas pessoas que eu contrato.

O que de fato acontece na vida é que muitas pessoas tentam copiar o que outras estão fazendo, e não percebem que existe um plano mais amplo, global por trás daquilo. Porque, em determinados momentos, simplesmente estamos preocupados em fazer aquele prato girar. Por exemplo, quando construo a minha lista, meu foco é gerar conteúdo, valor, relacionamentos, segmentação. Quando esse primeiro prato está girando, eu imediatamente passo para o próximo. No meu caso, o próximo prato era a ampliação da lista que eu já tinha. E, a partir daí, pode-se passar para a fase seguinte que é ampliar vendas, criar produtos, mas sempre atento para que os outros pratos não se espatifem no chão.

Isso também é válido para a vida particular, pois vejo muitas pessoas com sucesso na vida profissional, mas que colocam tudo a perder na vida pessoal, jogando a própria saúde no lixo. Não vejo benefício algum em alcançar sucesso na vida profissional e ficar muito acima do peso, em total desequilíbrio, colocando a própria vida em risco. Ou então, alcançar grande sucesso nos negócios e não ter tempo para dar atenção ao seu filho.

A vida de empreendedorismo é feita de pratos girando. É uma arte, não uma ciência exata. É comum que as pessoas foquem numa área e vejam as outras se despedaçarem. Assim, um sucesso na área de negócios não justifica um desastre na área familiar ou na área de saúde.

Como dar atenção para tudo ao mesmo tempo?

Imagine toda a sua vida com esses pratos girando. Pense quais são os pratos mais importantes que você pode fazer girar. Quais são os pratos que você vai conseguir girar e ficar satisfeito? É provável que você não consiga girar todos ao mesmo tempo, mas acredite que você tem de girá-los. E garantir de alguma maneira que aquele prato irá continuar girando mesmo que você não esteja lá. Você precisa desenvolver um mecanismo de alerta permanente para observar e monitorar se aquele prato está ou não girando.

sacadas de empreendedor
erico rocha

QUEM QUER
DÁ UM JEITO,
QUEM NÃO QUER,
DÁ UMA DESCULPA

sacadas de empreendedor
erico rocha

Quantas pessoas você conhece que são "reclamadores" natos? Que encontram falhas por onde passam, que dissertam sobre os piores cenários possíveis e espalham crenças negativas, contaminando todos à sua volta? Pode ser que você seja ou tenha sido um desses caras.

Eu posso dizer com propriedade, porque já fui um desses "reclamadores". E, acredite, se você me conhecesse naquela época, seria difícil acreditar que aquela pessoa seria um empreendedor no futuro, pois eu reclamava muito.

Eu morava em Londres e reclamava muito do Brasil. Eu reclamava que demorava muito para abrir uma empresa, eu reclamava que os brasileiros sofriam tributação excessiva, que éramos tributados pelo faturamento e não pelo lucro, que não havia um sistema de pagamento para produtos digitais. Tanto que na época que fundei minha empresa passei cerca de seis meses implementando meu próprio sistema de pagamento. Eu reclamava que era difícil arranjar pessoas boas para trabalhar comigo, eu reclamava que era caro e que a carga tributária de um empregado era muito grande, eu reclamava que não dava para contratar uma pessoa por hora como se faz fora do Brasil sem correr o risco de processos trabalhistas. Em suma, eu reclamava, reclamava e reclamava.

Eu reclamava de tudo, principalmente porque eu estava fora do Brasil e meu padrão de comparação era, de certa forma, injusto, pois eu tinha a tendência de comparar tudo que tinha de melhor lá fora com tudo que tinha de pior no Brasil. O que eu não conseguia perceber era que sempre existem coisas ruins para serem ressaltadas quando queremos encontrar um defeito em algo, basta colocar um foco negativo sobre elas. E essa postura se expande e quase nos cega. É impossível enxergar aspectos positivos quando estamos sempre focados em ver o pior lado de qualquer coisa que seja.

A salvação veio de onde eu menos poderia esperar: um curso que tinha feito cinco anos antes, em que assimilei uma distinção muito poderosa que me ajudou a conseguir empreender mesmo sendo um campeão da reclamação.

É a distinção responsabilidade × vitimismo.

Eu percebi que sempre que eu reclamava, criava uma narrativa em que sempre existia um "fator externo" e eu. E eu reclamava desse fator externo o tempo todo. Como se os fatores externos fossem responsáveis pelas grandes desgraças que atingiam todos os negócios. Como se os fatores externos justificassem o que podia dar errado na minha vida.

Havia uma simples e falsa eficácia em culpar algo, pois, ao me comportar desta maneira, eu sempre era a vítima. Sim, era desse modo que eu me enxergava na maioria das vezes: como uma vítima das leis do Brasil que não eram as ideais para um empreendedor. Elas não eram do jeito que eu achava que tinham de ser. Eu era vítima da tributação, eu era vítima do fato de o Brasil não ter as ferramentas que eu queria que tivesse para prosperar o meu negócio. E todas as vezes em que eu reclamava, eu me tornava não só vítima como também refém desse círculo vicioso, do qual eu não conseguia escapar. Foi quando lembrei da distinção que o curso tinha ensinado:

Quando você está numa posição de vítima, não há nada que você possa fazer. Afinal, você é vítima, não tem nenhum controle da situação. Então eu comecei a ver como o tempo todo, sem pestanejar, eu me colocava na posição de vítima em relação a muita coisa. Tomei coragem e fui sincero ao fazer uma pergunta, cuja resposta me traria a chave que mudaria a maneira de conduzir meu destino a partir de então.

"Mas espera um pouco, se eu não for a vítima da situação, o que eu posso ser?"

E a resposta é implacável:

"Você pode ser o responsável."

Você deve estar pensando:

"Mas como assim, vou ser responsável pela tributação do Brasil, vou ser responsável pelo fato de não ter ferramentas ou as ferramentas que eu queria, responsável pela crise econômica de um país?" E obtive a seguinte resposta:

"Você não vai ser responsável no sentido de ser culpado, mas no sentido de fazer alguma coisa a respeito. E quando você se posiciona no sentido de fazer alguma coisa a respeito, você tem poder. É uma situação que implica desafio, porque você tem que assumir um determinado encargo e o trabalho que isso implica. A situação de vítima o deixa num estado em que não se pode fazer nada; você é uma eterna vítima das circunstâncias e a maioria das pessoas sentem compaixão por isso, é de certa forma uma posição confortável. Já a situação de ser responsável te deixa num estado em que é possível você fazer alguma coisa para mudar as suas circunstâncias."

Naquela época eu decidi ser responsável por várias coisas em minha vida, e isso fez muita coisa mudar. Ser responsável me colocava como condutor da minha vida. E decidirmos ser protagonista da nossa própria história talvez nos deixe em uma posição difícil, porque tudo o que passa a acontecer a partir daquele momento não pode ser justificado como reação a algo externo, já que somos nós que controlamos tudo.

Do dia daquela revelação em diante, quando me dei conta dos sintomas do Erico vítima das circunstâncias, entendi que eu não precisava bancar sempre o pobre coitado da história. Eu não precisava de nada que justificasse tropeços, derrotas ou frustrações.

E virar essa chave foi essencial para eu tomar as rédeas das coisas. Nesse período, coloquei em prática várias novidades na empresa que geraram novos negócios. Implementei ferramentas para solucionar problemas onde o Erico "vítima" não conseguia encontrar soluções. Foi assim que surgiu o Klickpages. Era uma ferramenta que antes o Erico vítima reclamava não existir no Brasil, mas que o Erico responsável fez acontecer.

O melhor de tudo é que isso me deu liberdade de saber que eu não era mais vítima. Se essa sensação perdurasse, talvez eu não tivesse construído minha carreira como empreendedor. O fato é que há algum tempo consigo distinguir as situações e sair delas com facilidade, sem me apegar às reclamações.

Caso seu dia a dia esteja recheado de reclamações, entenda que é possível mudar. Assuma as responsabilidades. Escolher ser responsável não é o mesmo que assumir a culpa. É escolher ser um agente transformador daquela circunstância particular.

Ouço pessoas dizendo que não existe nada que possam fazer a respeito de certas situações. Sempre repito a elas esta máxima: "Quem quer dá um jeito, quem não quer, dá uma desculpa."

NÃO SUBESTIME
O SIMPLES

sacadas de empreendedor
erico rocha

Em alguns momentos da nossa vida acabamos nos acostumando com os desafios, pois eles nos proporcionam uma boa dose de adrenalina correndo nas veias, fazem com que a gente se sinta mais vivo, mais dinâmico, até mesmo invencível. Eu poderia dizer que estava viciado nisso, que os desafios podem mesmo causar uma espécie de dependência.

Até que, em determinado momento da minha vida, tive a oportunidade de participar de um grupo onde havia muitos empreendedores em um nível acima do meu. Eles se encontravam três vezes ao ano para discutir a progressão dos negócios de cada um deles. Eu me senti muito honrado em estar naquele grupo.

Quando entrei naquele lugar, eu me sentia a pessoa mais privilegiada do mundo. Era como ter entrado em uma máquina do tempo e viajado para o futuro para aprender o que deu certo no negócio dos outros, então, eu voltaria ao Brasil e aplicaria as técnicas nos meus negócios! E eu achava que ia conversar com esses caras e eles iriam me passar estratégias altamente sofisticadas que fariam a diferença no meu negócio e na minha vida, ideias que levariam minhas empresas para um outro nível jamais imaginado.

A maior decepção que tive – talvez decepção não seja a palavra certa, e sim surpresa – foi que todos esses empreendedores, que eu acreditava possuírem o toque de Midas e o passaporte para o clube do milhão, estavam fazendo coisas extremamente simples, por meio de métodos extremamente simples.

Eles eram muito bons em executar o simples. E essa conclusão parece um tanto fora de lugar, porque o natural seria imaginar que, para conquistar um resultado extraordinário você precisasse executar algo complexo, secreto, mágico, uma espécie de *shazam*! Mas eles me provaram que nada disso era necessário, simplesmente porque eram muito bons em executar o simples.

A questão que vinha então era mais ou menos esta: se é tão simples assim, por que a maioria das pessoas não consegue fazer? Por que a maioria das pessoas não obtém resultado? A resposta também é simples: porque a maioria das pessoas subestimam o simples. É bem possível que você esteja neste exato momento fazendo isso.

Até mesmo eu, que já verifiquei o que o simples é capaz de fazer, também subestimo o simples de vez em quando. Só que é difícil fazer o simples quando não vemos resultado imediato e ainda mais difícil manter a consistência do simples quando não obtemos resultado imediato, seja nos negócios, na área de saúde, seja nos relacionamentos pessoais.

Além de subestimar o simples, acredito que exista também uma força invisível. Eu descobri isso com o livro do Steven Pressfield, que descreve bem essa situação: *A guerra da arte*. Se você está interessado em fazer o simples bem-feito, consegue vencer essa força invisível que ele chama de resistência.

E de que se trata essa resistência? É aquela força contrária que parece impedi-lo quando pretende fazer um exercício matinal, aquilo que o faz ficar remoendo o dia inteiro, em vez de fazer aquela determinada coisa que está evitando fazer - uma ligação, uma proposta, uma demissão... Quebrar essa força é fácil, mas não é simples.

Será que você sabe distinguir quando está subestimando o simples? Pense na sua rotina e identifique qual o simples que você não está fazendo. Coloque tudo isso num papel. E durante a próxima semana quero que você identifique qual a força invisível, ou resistência, que o impede de fazer o simples.

Essas duas distinções vão gerar possibilidades de valorizar o simples. Quando você valorizar devidamente o simples, irá quebrar toda a resistência que o impede de agir.

DEMITA CLIENTES

Todo mundo que começa um negócio tem a crença do "quanto mais clientes melhor". À primeira vista essa parece ser a lógica de todo empreendimento de sucesso. Somarmos essa crença com a máxima "o cliente sempre tem razão", chegamos à conclusão de que muitos empresários acabam dando tudo de si para deixar clientes satisfeitos. Mesmo que esses clientes jamais fiquem satisfeitos.

Você já reparou nisso? No fato de que algumas pessoas, não importa o que você ofereça, seja uma pílula da juventude eterna, seja uma infalível receita da riqueza, estão sempre insatisfeitas e não poupam esforços para demonstrar isso?

Antes de ter a coragem de demitir clientes, eu engajava toda a minha equipe para satisfazê-los. Era um custo emocional e energético que não compensava o esforço. Os clientes surtavam, e lá estávamos nós, prontos para as bofetadas, aceitando elegantemente as ofensas, acreditando que aquilo era inevitável num negócio da nossa dimensão.

Até que certo dia, em uma conversa com amigos sobre um cliente específico que demandava mais do que eu poderia supor que suportaria, ouvi a seguinte resposta:

"Erico, demita esse cliente."

Fiquei confuso. Demitir um cliente? Aquilo não me parecia um contrassenso, pois ia contra a lógica de tudo que eu ouvira falar até então. Ele foi adiante e explicou que, quando um cliente se comportava daquela maneira na empresa dele, não havia dúvidas: era demitido.

Aquilo me fez refletir. Pois afinal o ditado popular não dizia que os clientes sempre tinham razão? Ou talvez eles abusassem desse suposto poder, acreditando que estavam no direito de fazer reivindicações absurdas?

Então comecei a observar atentamente o trabalho da minha equipe de suporte e confirmei o fato de que eles trabalhavam incansavelmente, entregues de corpo e alma ao que faziam. A partir daí percebi que eles não mereciam ser tratados daquela forma. E passei a demitir clientes.

Os dias foram se passando e fomos integrando aquilo à nossa rotina. E acabamos adotando a tolerância zero em relação à falta de respeito pois certos valores estão acima de tudo, principalmente de maus-tratos de quem quer que seja.

A demissão que passamos a adotar nos deu ainda mais energia para que trabalhássemos com afinco ainda maior nos clientes que mereciam o nosso melhor. O time ganhou força, e percebemos que aquela postura fez com que tivéssemos mais tempo voltado ao que realmente precisava ser solucionado.

Na sua carreira como empreendedor, observe a maneira como está lidando com esse tipo de cliente. Pode ser um exercício ousado praticar essa demissão, mas vai abrir portas para que você se importe com aqueles clientes que estão dispostos a ouvir o que você tem a dizer.

sacadas de empreendedor
erico rocha

ELIMINE O
QUE NÃO GERA
RESULTADO

sacadas de empreendedor
erico rocha

Vivemos em uma sociedade de consumo em que somos atraídos e seduzidos o tempo todo para sempre comprar alguma coisa. O resultado disso é que muitas vezes acabamos adquirindo mais coisas do que precisamos, o que você pode verificar em uma rápida olhada em seu guarda-roupa.

Você provavelmente usa 20% de todas as suas roupas 80% do tempo. O restante fica ali, ocupando espaço e esperando uma ocasião especial para entrar em cena. Você fica repetindo a si mesmo frases como "Pode ser que um dia eu precise" "Pode ser que eu vá usá-la". Só que esse dia jamais chega. E elas continuam ali, perseverantes, na esperança de conquistá-lo ou fazer com que você as veja enquanto pega aquela velha camisa desbotada que praticamente anda sozinha.

O medo de se desfazer das coisas é maior do que você supõe. E eu só me dei conta disso em um curso em que foi dito com todas as letras: *"Peguem essas camisas que estão guardadas sem uso e doem para alguma instituição de caridade".*

Foi uma espécie de libertação quando eu consegui fazer isso, pois concluí que eu só não havia feito isso antes por puro medo de jogá-las fora. E esse medo gera apegos desnecessários, que vão ficando cada vez maiores, tornando a vida mais pesada e difícil de ser compactada.

Certa vez ouvi um ditado que dizia "não dá para escalar o Everest carregando pedras", e isso acabou ficando vivo em minha mente quando comecei uma viagem pelo mundo e percebi o tamanho e o peso das malas que eu precisava carregar.

Quando carregar bagagens passou a ter um demasiado custo energético, emocional e até financeiro, eu passei a priorizar quais coisas iriam ocupar aquele espaço limitado. E então tudo mudou de figura. Quando você faz uma mudança aparentemente simples, numa área da sua vida, mesmo que seja só no seu guarda-roupa, ela acaba por se expandir. E isso é perceptível nos negócios.

Um exemplo vivo disso pode ser visto nas minhas listas de *e-mails*. Elas são compostas por pessoas que me seguem por algum motivo, pois se cadastraram para que pudessem receber meu conteúdo direto em suas caixas de *e-mail*.

Vejo muita gente que se orgulha de ter um grande número de pessoas na lista. Assim como quem tem um grande *closet* em que as roupas estão quase mofando. Muitos se orgulham do número de pessoas da lista; no entanto, se tamanho fosse a única métrica que fizesse a diferença, os *spammers* (pessoas que enviam *e-mails* sem ter relacionamento algum, com ofertas e propagandas não solicitadas) seriam os caras mais ricos do mundo porque eles simplesmente têm listas gigantescas de milhões de pessoas. O pequeno problema é que ninguém abre aqueles *e-mails*.

Então qual é a métrica? É seu valor, o relacionamento que se tem com aquela lista, se a pessoa abre ou não aquele *e-mail*. E mesmo se tiver gerando valor e relacionamento, posso garantir que 80% da lista não está gerando resultado algum para você.

Mas como perceber isso? Você pode ver quantas pessoas abriram suas últimas campanhas e quantas deixaram de abrir. Posso antecipar que você vai se surpreender ao notar que muitos deixam de abrir. Só que poucos percebem que estão pagando inutilmente para manter aqueles *e-mails* inativos. E não "limpam" suas listas.

As perguntas que faço agora são estas: se alguém não abriu as suas últimas dez campanhas, por qual motivo você vai enviar a essa pessoa a décima primeira? Para ver se ele abre? Vale a pena irritar toda a sua base de clientes com alguns distraídos que estão ali só para observar o movimento?

Na minha empresa fazemos regularmente uma limpeza muito grande. Isso significa enviar automaticamente uma mensagem como "Quer se descadastrar?" ou "Por que você não está abrindo meu *e-mail*?".

Não se engane, você precisa incentivar os *prospects* (clientes em potencial) a se descadastrarem se não tiverem mais interesse em seus produtos. Porque aí você poderá afunilar sua base de clientes e ver quem realmente está interessado no que você tem a dizer. A pior coisa que existe é você tentar vender uma coisa para quem não está interessado em comprar.

Exercite o desapego. Desfaça-se dos 80% que não geram resultado para seu negócio.

As perguntas que faço agora são estas: se alguém não abriu as suas últimas dez campanhas, por qual motivo você vai enviar a essa pessoa a décima primeira? Para ver se ele abre?

sacadas de empreendedor
erico rocha

O PODER
DA EXCEÇÃO

sacadas de empreendedor
erico rocha

Certa vez, ao entrar no carro com meu filho Noah, de 5 anos, pediu se poderia ir no banco, fora da cadeirinha. Um alerta vermelho acendeu na minha mente. Eu me posicionei na direção, olhei bem para ele e disse não, eu não abriria mão da segurança dele. Ele pediu mais uma vez, daquele jeito que só as crianças sabem fazer: "Só hoje papai!". Só que aquela era uma exceção que eu não poderia abrir. Porque certas coisas não são negociáveis.

A exceção é poderosa. Eu diria que é uma das coisas mais poderosas e perigosas que podem existir. Poderosa porque, se você estiver no caminho errado, ela pode mudar a direção do caminho para uma direção certa. Mas a exceção também é perigosa, porque o contrário é verdadeiro. Se estou no caminho certo e abro uma exceção, crio um movimento em uma direção contrária e acabo indo para uma direção que não é a desejada.

Já vi muitos pais cedendo aos pedidos da criança, por ser uma exceção. O que eu posso dizer é que isso é uma coisa da qual não quero me arrepender depois.

Você sabe como é difícil empurrar uma coisa pesada, colocá-la em movimento. Mas quando ela já está em movimento, é muito mais fácil mantê-la em movimento ou impulsioná-la ainda mais.

E isso também ocorre na nossa vida. Se você está empurrando uma pedra, pode ser difícil movimentar o primeiro centímetro da pedra, mas assim que você o movimenta fica mais fácil. Na minha vida sempre foi assim. O movimento e a inércia não acontecem somente com pedras. Acontecem também com os nossos objetivos.

É difícil começar a fazer caminhadas ou corridas. Se seu objetivo é ficar mais saudável, é simplesmente penoso começar essas atividades. O primeiro passo é sempre difícil. Pode ser um grande desafio sair de casa, uma verdadeira batalha mental, principalmente se você tem outras coisas disputando o seu tempo. Mas uma vez que você vai, passa a curtir aquilo e acaba se sentindo estimulado a fazer aquilo mais e mais vezes.

Quando você dá um pequeno passo na direção em que quer ir, fica mais fácil correr. Isso acontece em todas as esferas da nossa vida, principalmente em negócios.

É difícil começar a fazer um produto, pois você se faz uma série de perguntas como: "Será que vai ficar bom?", "Será que vai ficar perfeito?", "Será que vai ficar tão bom quanto o outro?". Até que você começa de fato o processo e quando vê já está fascinado pelo que está sendo criado.

Quando isso acontece, em geral, você é tomado por uma motivação maior que você mesmo, que o leva a dar verdadeiros saltos de produção, que exigiriam anos para alcançar. Mas, às vezes, basta que você abra uma exceção para perder o ritmo e, consequentemente, a direção.

Imagine que você está indo no caminho certo. E está indo tudo muito bem, com todo gás. Mas por um motivo ou outro, perde momentaneamente o estímulo e diz: "Hoje não vou produzir nada". E acaba sendo sabotado por essa exceção e dali em diante não consegue voltar a produzir com o mesmo ritmo ou a mesma qualidade.

Naturalmente, sua audiência vai perceber o *gap* que você deixou e talvez também decida abrir uma exceção e parar de acompanhá-lo por um tempo. Pense nisso!

CONTROLE
O TRÁFEGO:
EM TODOS
OS SENTIDOS

sacadas de empreendedor
erico rocha

Essa sacada eu gostaria de ter conhecido quando comecei a empreender. Porque, antes de começar a empreender, passei anos como assalariado. E o que um assalariado faz quando recebe seu salário? Ele se permite gastá-lo. A maioria das pessoas entende que aquele dinheiro é ganho e se dá essa permissão.

O que aconteceu quando passei desse tipo de *mindset* para o ramo do empreendedorismo? Comecei a ganhar dinheiro.

Só que, quando você trabalha como assalariado, há a vantagem de previsibilidade de fluxo de caixa, pois ele tende a cair na sua conta bancária independentemente de ter ou não uma boa *performance* em sua atividade. Já no ramo do empreendedorismo as coisas não funcionam assim pois existem muitos fatores externos.

Claro que o limite do empreendedor é muito maior. Eu sou um ardoroso defensor do empreendedorismo. Acho que o empreendedorismo permite liberdade e abundância financeira, e eu mesmo não consigo me ver agora voltando para a vida de assalariado.

Não sei se você já viu aquele filme do Homem-Aranha, em que ele percebe que tem superpoderes. Logo depois o tio dele faz uma advertência: "Cara, tome cuidado, porque, com o poder vem a responsabilidade".

Eu acho que o empreendedor também tem superpoderes. E uma das principais responsabilidades do empreendedor é controlar o seu fluxo de caixa, pois há muitos riscos envolvidos no cerne da atividade. Li recentemente numa reportagem cerca de 90% dos negócios não vão a falência porque o produto era ruim ou porque não tinha clientes, e sim porque o fluxo de caixa não foi controlado.

O próprio Lehman Brothers é um exemplo clássico disso. Ele faliu e deflagrou a crise financeira de 2008 não foi porque não tivesse áreas lucrativas dentro do banco, mas sim porque teve um problema de fluxo de caixa.

Vamos supor que está entrando um bom dinheiro em seu negócio e você compra uma BMW. Entra mais um pouco e você compra um apartamento de cobertura. Porém, depois de alguns meses ou até mesmo anos de bons negócios realizados, fluxo de caixa positivo, vem uma depressão econômica, às vezes não tem nada a ver com o seu negócio, às vezes foi uma crise de petróleo ou imobiliária, que ocorreu do outro lado do mundo, mas atinge seus negócios em cheio e você começa a se ver de mãos atadas para continuar atuando, pois não tem dinheiro para manter os custos de sobrevivência do negócio. O empreendedorismo e a economia têm ondas de prosperidade, são altos e baixos, são períodos que vão e vêm, e dificilmente se consegue prever com facilidade quando ocorre a virada. Você, empreendedor, precisa saber surfar nessas ondas. E se você não tiver um fluxo de caixa para segurá-lo quando vierem ondas de baixa no mercado, você estará em apuros.

Percebi isso certa vez, em San Diego, ao assistir a uma palestra de MaryEllen Tribby. Sua missão ali era ensinar aos empreendedores que não estavam sabendo gerenciar suas finanças, já que eles não conseguiam ir para o próximo nível.

Tem um número que a nossa empresa sempre acompanha, que se chama *Open Doors Number*. E o que é esse número? Ele revela quanto sua empresa precisa para manter as portas abertas por mês.

Esse número compreende o seu pró-labore, o salário dos seus funcionários, custo com ferramentas, custo com aluguel. Você joga seus dados ali e calcula seu *Open Doors Number*. Assim você sabe o fluxo de caixa necessário para não ir à bancarrota.

É fundamental você saber o seu número. No início, porque você precisa calcular o seu investimento, saber quanto será necessário aportar e por quanto tempo. E mesmo depois, quando você consegue atingir esse número, precisa mais ainda saber o seu número, porque provavelmente terá a intenção de construir um fundo de *open doors*. O que significa isso? Constituir uma reserva de caixa que possa lhe permitir operar no mercado mesmo que você não faça uma única venda em algum período.

Minha política atual é nunca distribuir dividendos em nossas empresas se não tivermos pelo menos 14 meses dessa reserva de caixa. Isso me dá mais que um ano para analisar meu negócio, entender por que paramos de vender, descobrir como dar a volta por cima e começar a fazer novas vendas.

Sem essa reserva de fluxo de caixa, você ficaria sob pressão quando seu fluxo de caixa está baixo. E sob pressão ninguém opera muito bem, não é muito criativo, pode ficar afobado e agressivo, dividido entre lutar ou voar.

No caso de um negócio online, não se iluda achando que as suas fontes de tráfego que dão certo hoje vão funcionar para sempre ou que seu produto vai ficar convertendo infinitamente. As regras de marketing no Google e nas redes sociais se modificam de tempos em tempos e um anúncio para determinado produto que convertia bem, pode em 24 horas parar totalmente de converter. Nesse caso quando houver uma baixa no fluxo de caixa, você ainda tem uma reserva para continuar tranquilo, sem preocupação. Assim pode ligar o turbo da criatividade com algum tempo para reagir.

A REGRA
DAS 3 METAS

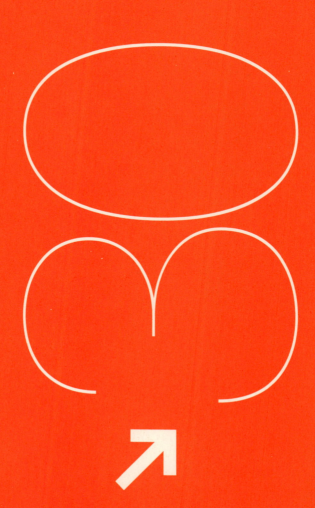

sacadas de empreendedor
erico rocha

Antigamente eu colocava metas em tudo.

E as chances eram que se elas fossem muito fáceis eu logo perdia a motivação. Sabe quando você coloca uma meta fácil e consegue superá-la sem muita dificuldade?

Por outro lado, eu ficava chateado se colocasse uma meta muito alta e não a atingisse. Ficava irritado e tenso porque sabia que podia ir mais longe, mas me sentia mal em ter desapontado a mim mesmo.

E quanto mais ficamos chateados, menos propensos ficamos a jogar, a se arriscar.

Cheguei a um determinado momento em que eu não sabia mais estabelecer a meta em um patamar que eu tivesse a voracidade de performar.

Então veio um dos meus grandes mentores para iluminar o caminho desta fase da minha vida. E o que ele fez? Ele me convidou a pensar de um jeito diferente.

"Vamos pensar que essas metas fazem parte de um jogo. E você dá as regras desse jogo. Então é legal colocar metas que você alcance".

Eu argumentei que tudo bem, mas que eu não me sentiria motivado a jogar um jogo em que eu colocasse uma meta pequena que soubesse de antemão que seria fácil de alcançar.

Então ele me ensinou a fazer a regra das três metas.

Todo mundo sabe que eu faço lançamentos de produtos digitais no Brasil. E toda vez que eu planejo um destes lançamentos crio três metas. Essa estratégia se transformou em uma regra depois do ensinamento deste mentor.

A primeira meta é aquela em que estou relativamente confortável para atingir.
Em 95% das vezes eu consigo atingi-la. É a meta mínima para que aquele negócio tenha valido a pena, já que ela permite que entremos em campo. Essa é a meta inicial que fez eu subir um pequeno degrau em minha vida.

A segunda meta é a que me deixa satisfeito.
Aquela meta que me faz dar parabéns para a minha equipe. É uma meta que celebro em minha cabeça e no meu coração, aquela que me faz chegar em casa depois de um dia de trabalho com a sensação de dever cumprido.

A terceira meta é excepcional.
Aquela que eu considero possível, mas precisa ser uma meta que seja muito mais desafiadora. É a meta que me faz superar todos os limites prováveis e improváveis de um lançamento. Ela só é atingida quando tudo, absolutamente tudo, supera as expectativas.

Talvez você esteja se perguntando: Erico, e o que acontece quando você joga esse jogo das três metas? Eu acerto pelo menos uma das metas.

Na maioria de meus lançamentos acerto a meta do meio. Só 30% das vezes consigo acertar a terceira meta. E se eu conseguir acertar esta última significa que ela não é tão inatingível assim. E desse jeito consigo envolver minha equipe ainda mais.

Esses três tipos de metas me fazem entender como estou operando, pois essas metas devem ser determinadas antes do jogo. É muito importante você compartilhá-las com toda a sua equipe, porque tudo começa com essa linguagem alinhada, que se torna mais poderosa quando se espalha para outras pessoas.

31

NÃO VOLTE
PARA O SEU
CASULO

sacadas de empreendedor
erico rocha

Se você é empreendedor e quer atingir uma posição de liderança, provavelmente terá de enfrentar desafetos, pessoas invejosas, alguns inimigos e até os famosos *haters*, aquelas pessoas que o odeiam por motivos que você desconhece. Esse ódio às vezes pode nascer simplesmente do fato de você ter uma posição de destaque e sucesso.

Eu poderia dizer que no empreendedorismo é tudo maravilhoso, que tudo vai dar certo, que todo mundo vai ser legal com você, mas isso não é a realidade do cotidiano do empreendedor. Não quero desencorajar ninguém, pelo contrário, quero incentivar, mas esteja preparado para lidar com tudo e com todos. Todo empreendedor, assim como todo líder, passa por alguns perrengues.

Um dos líderes que mais admiro é Mahatma Ghandi, e sempre aconselho a todos que conheçam a sua história. Imaginem que ele conseguiu libertar a Índia do domínio britânico sem dar um único tiro. Chegou a fazer greve de fome para que os muçulmanos e hindus parassem de brigar e conseguiu o seu intento. Apesar desses feitos, ele foi assassinado por uma pessoa do seu próprio país. Mesmo sendo um líder da paz, ele foi odiado e assassinado.

Gandhi não foi o único.

Pensem nos Beatles. Eles produziram mais discos e álbuns que a maioria das bandas existentes no planeta em um curtíssimo tempo de existência. Foram sem dúvida a banda mais adorada de todos os tempos. Todo sucesso e admiração e revolução musical que fizeram não impediu que seu líder acabasse assassinado – por um fã.

Querem ir mais longe?

Lembrem-se de Jesus Cristo. Imaginem alguém que pregou o amor sobre todas as coisas, o perdão, a união, a caridade e que, mesmo assim, foi crucificado.

Isso tudo é para dizer: se até Jesus, Gandhi e Lennon tiveram inimigos, imagine você, empreendedor, simples mortal como eu, quantos opositores poderá encontrar ao longo do caminho?

Provavelmente, você terá desafetos, não importa o quão nobre seja seu trabalho. Você pode fazer o bem para mil pessoas, mas é inevitável que desagrade alguém. É possível que você só se dê conta disso quando sentir na pele que no mundo dos negócios a competição pode sim despertar o pior dentro de algumas pessoas. Claro que tomar consciência do descontentamento do outro em relação ao seu sucesso pode causar uma certa desilusão e até mesmo uma reação do tipo: "Não quero isso pra minha vida". E há uma tendência natural de querer voltar para um lugar onde ninguém o consiga atingir. Até mesmo voltar para o emprego onde se era menos vulnerável a ataques. Ou, em outras palavras, ficar na dúvida: "Será que não tenho que voltar para o meu casulo?" Será? Será? Será?

Pois eu respondo o mesmo que diria para o meu filho: *não volte para o* seu casulo! No momento em que se sentir vulnerável, com vontade de voltar correndo para dentro do seu casulo, pergunte-se por que você faz o que você faz. A sua resposta interna a essa pergunta o trará de volta para o seu eixo.

Quando eu me pergunto por que eu faço o que eu faço, a resposta me traz de volta ao meu centro. Eu faço o que faço porque amo o empreendedorismo, pois além de ele me fazer sair da zona de conforto, também me faz acreditar que as pessoas que queiram ser empreendedoras possam ser empreendedoras. É claro que não acredito que todos possam ser empreendedores bem-sucedidos, pois nem todo mundo tem a estrutura para isso. Mas quem estiver disposto a enfrentar todos os desafios que essa opção de vida comporta pode chegar lá. E eu também faço isso para deixar principalmente um legado para o meu filho. Essas são as razões pelas quais eu gravo vídeos e escrevo livros.

Saiba que tudo pode ser tirado de você, menos o seu porquê. As pessoas podem tirar tudo de você, dinheiro e outras coisas mais, pois tudo que é material vai embora. Mas ninguém nunca vai tirar o seu porquê.

E quando você compreende e aceita a sua própria motivação, você entende o seu porquê e estará sempre preparado para que possa seguir em frente.

A segunda questão que eu gostaria de levantar aqui é: Como você pode "se vingar" dos seus desafetos, dos invejosos, dos inimigos. Na verdade, eu acredito que a melhor atitude aqui, sem ceder às mesquinharias que possam desencadear violência - já que vingança remete a briga, a revidar, a pagar na mesma moeda... –, é trabalhar duro para atingir o próprio sucesso. Eu ouvi de um amigo e adotei para vida: a melhor maneira de "me vingar" das pessoas que tentaram me impedir de atingir meus sonhos é levar o empreendedorismo ainda mais adiante.

E se você quer ir além disso, além de dar certo, faça as pessoas ao seu redor darem certo. Faça os seus clientes darem certo. Esse é o único jeito de seguir sem envenenar sua alma, porque ele vai ao encontro do seu porquê, da sua missão de vida.

Não sei o motivo pelo qual você veio a esse mundo. Eu acredito que você veio para fazer a diferença. Acredito que cada um de nós veio a esse mundo para fazer a diferença. E o maior jeito de "se vingar" de alguém é fazer a diferença e fazer acontecer. Independentemente do que aconteça, dê o máximo de si mesmo durante o tempo que você tem nessa Terra. Porque seu tempo acaba. Seu tempo vai embora. Todos irão morrer, inclusive seus inimigos.

No momento em que você perceber se sentir vulnerável, com vontade de voltar correndo para dentro do seu casulo, pergunte-se: Por que você faz o que você faz? Qual o motivo nobre por trás disso tudo? A sua resposta interna a estas perguntas irá te trazer de volta para o seu eixo.

ESTA DEVERIA SER UMA CONCLUSÃO. MAS NÃO É. PORQUE ESTE LIVRO NÃO ACABA. ISSO MESMO. AS SACADAS QUE EU COMPARTILHEI COM VOCÊ NESTE LIVRO SÓ VÃO GANHAR VIDA E TRAZER RESULTADO SE VOCÊ, AO FECHAR O LIVRO, REALMENTE COLOCÁ-LAS EM PRÁTICA. PORTANTO, O LIVRO NA VERDADE COMEÇA EXATAMENTE AGORA: COM A SUA ATITUDE! VOCÊ DEVE TER PERCEBIDO QUE NO MUNDO DO EMPREENDEDORISMO TUDO SE TRANSFORMA

TODO O TEMPO, E MUITAS VEZES, ACONTECE TUDO-AO-MESMO-TEMPO-AGORA. ENTÃO, SE EU POSSO DEIXAR UMA ÚLTIMA SACADA É A SEGUINTE: CADA SACADA QUE VOCÊ LEU AQUI PODE TER OUTRA TÃO BOA QUANTO OU MELHOR DENTRO DELA. COMO AQUELAS BONECAS RUSSAS QUE VÃO SAINDO UMAS DE DENTRO DAS OUTRAS. O IMPORTANTE É VOCÊ ATIVAR SEU CÉREBRO PARA QUE OS *INSIGHTS* SE MULTIPLIQUEM. COMO? SENDO OUSADO! EM TODOS OS SENTIDOS QUE VOCÊ CONSEGUIR SER.

Fonte FAKT
Papel POLÉN SOFT 80 g/m²